행복한 시간들

Les heures heureuses
— Dernier royaume XII

Pascal Quignard

Copyright ⓒ 2023 by Éditions Albin Michel – Paris
Korean Translation Copyright ⓒ 2025 by Moonji Publishing Co., Ltd.
All rights reserved.

This Korean edition was published by arrangement
with Éditions Albin Michel.

이 책의 한국어판 저작권은 프랑스 Éditions Albin Michel과
독점 계약한 ㈜**문학과지성사**에 있습니다.
저작권법에 의해 보호받는 저작물이므로 무단 전재 및 복제를 금합니다.

행복한 시간들

LES HEURES HEUREUSES

마지막 왕국 XII
Dernier royaume XII

PASCAL QUIGNARD

파스칼 키냐르

송의경 옮김

문학과지성사

파스칼 키냐르 Pascal Quignard
1948년 프랑스 노르망디 지방의 베르뇌유쉬르아브르(외르)에서 태어나 1969년에 첫 작품 『말 더듬는 존재』를 출간했다. 어린 시절 심하게 앓았던 두 차례의 자폐증과 68혁명의 열기, 실존주의·구조주의의 물결 속에서 에마뉘엘 레비나스·폴 리쾨르와 함께한 철학 공부, 뱅센 대학과 사회과학고등연구원에서의 강의 활동, 그리고 20여 년 가까이 계속된 갈리마르 출판사와의 인연 등이 그의 작품 곳곳에서 독특하고 끔찍할 정도로 아름다운 문장과 조화를 이루고 있다. 죽음의 문턱까지 갔다가 귀환한 뒤 글쓰기 방식에 큰 변화를 겪고 쓴 첫 작품 『은밀한 생』으로 1998년 '문인 협회 춘계대상'을 받았으며, 『떠도는 그림자들』로 2002년 공쿠르상 수상의 영예를 안았다. 대표작으로 『로마의 테라스』 『혀끝에서 맴도는 이름』 『섹스와 공포』 『옛날에 대하여』 『심연들』 『빌라 아말리아』 『세상의 모든 아침』 『신비한 결속』 『부테스』 『눈물들』 『하룻낮의 행복』 『세 글자로 불리는 사람』 등이 있다.

옮긴이 송의경
서울대학교 불어불문학과를 졸업하고 프랑스 엑상프로방스 대학 박사과정을 수료했으며, 이화여자대학교에서 박사학위를 받았다. 『은밀한 생』 『떠도는 그림자들』 『세 글자로 불리는 사람』 등 키냐르 작품 15편과 르네 지라르, 카미유 로랑스, 모파상 등의 작품을 우리말로 옮겼다.

행복한 시간들

제1판 제1쇄 2025년 9월 15일

지은이	파스칼 키냐르
옮긴이	송의경
펴낸이	이광호
주간	이근혜
편집	김은주 정미용
마케팅	이가은 허황 최지애 남미리 맹정현
제작	강병석
펴낸곳	㈜**문학과지성사**
등록번호	제1993-000098호
주소	04034 서울 마포구 잔다리로7길 18(서교동 377-20)
전화	02) 338-7224
팩스	02) 323-4180(편집) / 02) 338-7221(영업)
대표메일	moonji@moonji.com
저작권 문의	copyright@moonji.com
홈페이지	www.moonji.com

ISBN 978-89-320-4438-5 03860

차례

제1장	〈콩피에뉴에서의 저녁 파티〉	9
제2장	제시간에 죽기	11
제3장	날짜들과 시간들	15
제4장	기도서	24
제5장	이스키아 해변	32
제6장	태양 안에는 세 개의 태양이 있다	34
제7장	*Speculum historiale*(역사의 거울)	40
제8장	이사	45
제9장	*Hôrai*	47
제10장	욘강	55
제11장	모가도르	61
제12장	벨렝의 탑	64
제13장	물	71
제14장	파비아	75
제15장	비산술非算術	78
제16장	성녀 테레사	85
제17장	기원 회귀의 거장	92
제18장	쥐미에주의 폐허	99

제19장	사라진 집	103
제20장	사제관 길	108
제21장	기마 수렵	110
제22장	시간의 관자놀이	114
제23장	세계의 기억 모퉁이	124
제24장	일반 역사	128
제25장	가오리들	136
제26장	뱀장어들	143
제27장	1955~2017년	155
제28장	분노	161
제29장	헤로의 탑	174
제30장	베른	177
제31장	11월	181
제32장	탈라사의 날짜들	189
제33장	재출수再出水	199
제34장	르네상스들	202
제35장	사랑의 기도서	208
제36장	재의 소녀들	218

제37장	시詩	224
제38장	1991년 눈 내리는 베르사유궁	229
제39장	1640년대	241
제40장	뜯어낸 시간들	248
제41장	장 브뤼노	253
제42장	루크레티우스	261
제43장	암호 코드로서의 문학	270
제44장	샤를 드 생테브르몽	278
제45장	조르다노 브루노	285
제46장	마들렌 드 사블레	290
제47장	당근 수프	293
제48장	라 갈리가이	299
제49장	스피노자	301
제50장	플루타르코스	309

옮긴이의 말 마지막 왕국 시리즈 제12번 「바다 교향곡」	317
작가 연보	328
작품 목록	334

일러두기

1. 이 책은 Pascal Quignard의 *Les heures heureuses* (Paris: Éditions Albin Michel, 2023)를 우리말로 옮긴 것이다.
2. 본문의 주는 모두 옮긴이가 단 것이다.
3. 외래어 표기는 국립국어원 외래어 표기법을 따랐으나, 관습적으로 굳은 표기는 그대로 허용했다.

제1장

 콩피에뉴[1]에서 저녁 식사는 7시에 시작되었다. 8시 25분이 되면 저마다 자리에서 일어났다. 8시 30분이 되면, 식사를 마쳤으므로 커피 잔을 식탁에 내려놓고, 모두 열을 지어 살롱으로 들어갔다. 황제는 곧장 집무실에 들러 담배를 피웠다. 그가 떠나고 1분 후, 남자들이 떼 지어 우르르 흡연실로 몰려갔다. 황후는 귀부인들과 함께 남았다. 남자가 한 명이라도 돌아오면 황후의 시종은 즉시 수형피아노 뒤에서 크랭크 핸들을 돌리기 시작해 잠시도 멈추지 않고 계속 돌렸다. 그들은 새된 소리로 단조롭게 이어지는 음악에 맞춰 춤을 추

---

[1] 프랑스 우아즈주의 도시에 있는, 루이 15, 16세 때 건축되어 나폴레옹 1세, 3세 때 개조된 성으로 궁정생활과 권력의 중심지였다.

었다. 모두가 지루해 죽을 지경이었다. 남자들은 저마다 "몇 시지?"라고 자문했다. 여자들은 긴 의자에 앉은 옆의 여자에게 물었다. "몇 시예요?" 11시 반까지 기다려야 했다. 11시 반 정각이 되자, 나폴레옹 3세가 자리에서 일어나, 황후에게 다가가, 그녀의 팔을 잡았다. 그들은 밤을 보내러 자리를 떴다. 그들이 살롱의 문지방을 넘어서는 즉시, 검은색 복장으로 늘 엄숙하게 서 있는 황후의 시종인 므시외 드 리장마르메지는 불현듯 피아노의 헨들을 놓아버렸다.

  침묵.

  모두 자러 갔다.

제2장

제시간에 죽기

1591년 12월 14일 금요일, 십자가의 요한[1]은 49세의 나이로 우베다[2]에서 죽었다.

사제의 독방은 열두 명의 수사가 각자 손에 촛대를 하나씩 들고 서로 바짝 붙어 있어야 할 정도로 비좁았다.

수사 여섯 명은 오른쪽에, 다른 여섯 명은 왼쪽에.

그는 죽기 전에 자신을 에워싼 수사들에게 물었다.

"몇 시인가?"

그들 중 한 수사가 곧 자정이라고 답했다.

하지만 요한이 고개를 저었다.

---

1) Jean de la Croix(1542~1591): 반反종교개혁의 주요 인물, 신비주의자, 로마 가톨릭 성인, 카르멜회의 사제였다.
2) 에스파냐 남부 하엔 지방의 도시.

"자정이 아닐세. 그 시간엔 내가 주님 앞에 있을 테고, 새벽 기도를 음송하고 있을 테니 말이네."

그러자 오른쪽 줄의 수사들이 슬픔에 몸을 떨기 시작했다.

다른 수사 한 명이 황급히 기도서를 펼치고 임종 기도를 찾았다. 그런데 이를 알아챈 환자가 나직한 목소리로 말했다.

"형제여, 기도서를 내려놓게나, 제발. 내 몸이 기도하는 상태라네. 지금 우리는 잠자코 있어야 한다고 생각해."

알론소 수사는 그날이 마침 금요일이라고 말했다. 혹시 요행으로 지금, 즉 토요일이 시작되기 전에 그가 죽는다면, 카르멜회[3]의 스카풀라[4]를 걸친 자가 되어 안식일 특권[5]을 받게 되리라는 것이다. 다시 말해 그가 하늘로 올라갈 때 성모 마리아가 그를 연옥에서 *illico presto*(즉시) 끌어내 줄 것이라는 거였다.

요한 사제는 약간 딸꾹질을 하며 웃더니 이렇게 말했다.

"형제여, 내가 새벽 기도를 드리게 될 거라고 진즉 말했지 않은가."

왼쪽의 수사 모두가 손으로 눈을 가리고 흐느끼기 시작

---

3) 13세기 이스라엘 카르멜산의 은수자들을 바탕으로 16세기 에스파냐에서 성녀 테레사에 의해 개혁, 창립된 수도회.
4) 수사들이 어깨에 걸치는 성의聖衣.
5) 특정 영혼이 죽은 후 토요일에 연옥에서 구출되도록 부여받은 특권.

했다.

 십자가의 요한이 몸을 일으켰다. 베개 밑으로 손을 집어넣어 그즈음 머리 밑에 줄곧 보관했던 편지 묶음을 꺼냈다.

 그는 생바질의 바르텔레미 수사를 거명하며 불을 비춰달라고 청했다.

 바르텔레미 수사가 촛대를 요한 사제에게 내밀었고, 요한 사제는 모두가 보는 앞에서 편지 꾸러미를 태우기 시작했다.

 편지 꾸러미에 완전히 불이 붙자, 그것을 독방의 바닥에 내던졌다. 종이는 포석 위에서 완전히 불살라졌다.

 포석 위에 작은 잿더미만 소복하게 남자, 그가 수사들에게 지시했다.

 "이제 자네들 독방으로 돌아가게나. 수도원 문이 닫힐 시간이네."

 오른쪽 수사들이 떠난다. 왼쪽 수사들이 뒤따른다. 그들이 문의 빗장을 걸어 잠그는 소리가 들린다.

 그들은 제각기 독방에서 잠자리에 든다. 턱밑까지 이불을 끌어올린다. 잠이 든다.

 요한 사제도 잠시 휴식을 취한다. 알론소 수사는 내내 곁을 지키고 있다.

 갑자기 소뵈르 교회의 시계탑에서 자정을 알리는 종소리가 울리기 시작한다.

"무슨 종소리인가?" 종소리가 울리자마자 눈을 뜨고 요한 사제가 묻는다.

수사가 새벽 기도를 알리는 종소리라고 대답하자, 그는 기뻐하며 외친다.

"신께 영광을! 저는 떠납니다."

그는 두 손에 쥔 십자가에 입술을 갖다 댄다. 침착하게 기도를 암송한다. "*In manus tuas, Domine, commendo spiritum meum*(주여, 내 영혼을 당신 손에 맡기나이다)." 그는 제시간에 숨을 거두느라 미처 '*meum*'을 발음할 시간이 없었다. 『어두운 밤*Noche oscura*』의 저자는 새벽 종소리가 미처 열두 번을 울리기 전에 죽었다.

제3장

날짜들과 시간들

 십자가의 성 요한은 미처 '*meum*(나의)'을 말하지 못하고 죽었다. 죽음에는 '나'가 없기 때문이다. 죽음에서는 정체성이 사라진다. 언어도 없고, 단번에 뿜어져 나온 호흡 이후에 살아남는 세계도 없다. 심지어 어린 시절에 어머니와 조상의 입을 통해 아주 느리게 습득되는 살아 있는 언어 안에서도 오직 기억되는 것만 소리쳐 부를 수 있으므로, 말이 도달할 수 없는 것은 모조리 사라진다. 게다가 눈앞에 부재하는 것만이 그것을 환기할 이름을 필요로 한다. 과거란 이런 부름에 불과한 것으로, 어떤 상태가 아니다. **역사**조차도 이런 부름, 즉 야수의 굶주림, 피비린내 나는 살육, 휴지休止나 부활의 희망, 복수자의 욕망에 지나지 않는다.
 심지어 생각도 기다린다. 끊임없이 기다린다. 생각은 자신의 원천에 대한 기다림이다. 다시 삼키고 또 집어삼키려는 꿈의 역류일 뿐이다.

그리고 글자들은 쓰이는 즉시 각 문자에서 숨결이 증발한다.

문자는 귀환하는 실루엣을 고립시키는 것이고, 그것을 침묵으로 돌아온 영혼의 깊은 곳에서 빛나게 한다.

마지막으로 문자 뒤에는 날짜가 있고, 그것이 삼킴의 흔적을 드러낸다. 그것은 실루엣조차 되지 못한 존재로, 그저 사라진 것을 가리키는 표지에 불과하다.

그리하여 *littera*(글자들) 뒤에는, 사라진 것이 있는 바로 그곳에는 *datum*(주어진 것), 즉 소여가 있다. 현실에서 소여였던 무엇.

이 책에서 나는 문자를 떠나고 싶지만, 다음과 같은 궁극적 자취들을 수집해야만 한다. 즉 숫자들과 날짜들. 그 둘을 조합하는 시간들.

*

날짜란 무엇인가? 날짜는 **역사**의 최소 단위이다. 이야기가 시작되는 순간이다. 육신이 외부 공간으로 나가는 순간 부여된 소여이다.

성姓이 족보에 속하듯이 날짜는 **역사**에 속한다. 최초의 재난 속에서 태어나는 어린애를 덮치는 죽음의 표시이며, 단말마의 공포 속에서 내면에 웅크리고 기다리는 죽음의 표시이다.

하나의 무덤이란 무엇인가? 묘석 아래 묻힌 하나의 육신이다.

묘석에 새겨지는 것은 무엇인가? 이름 하나, 날짜 하나.

*

심지어 애도는, 욕망의 대상이 사라졌음에도, 여전히 기다린다.

애도란, 자신이 기다리는 대상이 무엇인지 더 이상 알지 못하면서 기다리는 맹목적인 기다림이다.

이유인즉, 실제 삶의 과정에서 생명이 태어나는 자보다 앞서는 것과 마찬가지로, 죽은 자는 죽음보다 더 오래 걸려 죽기 때문이다.

숫자 계산과 일련의 수數 안에서 출생의 연年, 월月, 일日, 시時는 주체의 삶이 시작되는 날짜를 구성한다. 그가 언어, 호흡, 집단, 사회가 주어지는 대기권의 존재로 편입되기 훨씬 전부터 실제로 살았지만 말이다.

출생일이 하나의 소여所與라면, 그것은 하늘을 가로지르는 빛의 속도를 준거로 인간의 시간이 잠시 빌려 쓰는, 예측 불가능한 물리적 시간의 흐름 속에서 이루어진 것이다. 세례는 이 과정을 통해 죽은 자들을 호적의 지면이나 성당의 세례대장에 기재된 산 자들의 이름 안으로 불러들인다. '귀환하는' 유령은, 호흡곤란을 느끼며 대기권에 합류했으므로 지상의 무리를 발견하는 순간 울음을 터뜨리는 한 육체에 뿌려지는 약간의 소금과 물을 통해 갑자기 지금 여기로 합류한다.

하나의 소여와 그에 앞선 다른 소여들과의 결합은 각 사건의 불가역적이고 재생 불가능한 유일성을 길들이고자 한다. 이러한 얽힘은 그대로 내버려두면 과도할 뿐 아니라 무엇보다도 분산될 소지가 있는 각 사건을 좀더 광범위한 통시적 흐름에 놓이게 한다. 날짜라는 첫번째 원자에 봉사하는 두번째 분자는 문장, 혹은 시퀀스, 혹은 생애, 혹은 시기, 혹은 시대, 혹은 전설, 혹은 신화라고 불린다. 이런 것이 최소한의 플롯이다.

이것이 바로 **역사**가 무수한 우연성에서 *datum*을 뽑아내는 방식이다. 이것이 바로 아버지가 생물학적 어머니의 커다란 몸에 들어찬 어둠과 양수로부터 작은 몸을 끌어내는 방식이다. 이것이 바로 무덤의 대리석, 화강암이나 나무로 된 작은 묘비의 표면에 새겨질 내용을 성姓과 이름이 미리 대체하고 도려내는 방식이다. 이것이 바로 가족 연대기에서 인물들이 재배치되는 방식이다. 이름들, 문장들phrases, 요컨대 장들chapitres, 즉 가족들이 또렷이 구분된다. 한 장의 종이 위에 그것들은 마치 나뭇가지처럼 포개지고, 이야기들이 층층이 쌓인다. 그러나 모든 이야기가 다 기억되는 것은 아니다. 과거의 많은 부분이 지워지고 새로운 소설이 다시 쓰인다. 그러므로 날짜는 단어보다는 성명의 등가물이 된다. 한 조상이 귀환한 것이다. 언어학은 우선 계보학이었다. 혈족이 하나 죽어 이름 하나가 비는 즉시 어린애를 내다버리는 일은 중단된다.[1] 영아를 살려 두어 고인이 귀환할 수 있게 한다. 이 순간, 어떤 기묘한 유사성이 아이에게 **더해지며**, 다소 모호한 신체적 닮은 점들을 변모시킨다. 새로운 존재 앞에서 재생산은 그에게 조상의 성씨 중 하나를 부여하고, 순교한 성인의 이름을 따라 이름을 지은 뒤, 몸을 굽혀 울부짖는 갓난아이를 들여다보며 늘 이렇게 말한다.

"애가 제 할아버지와 많이 닮았네."

"오히려 제 외삼촌을 빼닮은 것 같지 않아?"

---

[1] 고대 그리스에서는 (다양한 이유로) 원치 않는 아이가 태어났을 경우 바구니에 넣어 길가나 숲속에 버렸다. 하지만 조상이 죽어 이름 하나가 비게 되면 아이를 버리지 않게 된다.

*

 하지만 날짜는 단어에 비하면 이름 그 이상이다. 단지 돌발적인 출현과 소멸의 표식 그 이상이다. 그것은 연대기의 계산이 전락시킨 대략적인 운명에 맞서며, 기원을 육체의 어둠 속으로 유배시킨다.

 날짜는 시간heure과 대립한다.

 왜냐하면—그들 세계의 수평선 뒤에, 그들 연대기의 편성 뒤에— 인간의 언어에 속하지 않는, 인간이 서술하는 이야기에 속하지 않는, 이야기를 표현하는 문장에 속하지 않는, 문장을 부호화하는 일치 규칙에 속하지 않는 시간temps이 남아 있기 때문이다.[2] temps은 하늘에서 왕복운동을 하는 것이고, 반면에 하늘의 약속, 고시告示, *fata*(운명), 요정, 이런 것들은 heure이다. 로마의 호라이*Horae*, 그리스인들의 호라이*Hôrai*[3]는 인간세계에 속하지 않는다. 호라이는 지상의 모든

---

[2] 우리말의 '시간'이 프랑스어로는 temps과 heure로 구분된다. temps은 espace(공간)에 대비되는 큰 개념으로서의 시간이다. 반면에 heure는 temps에 포함되는 점(시각)이나 선분(시작과 끝이 있는 시간)과 같은 시간이다. 앞으로 프랑스어를 그대로 쓰거나, 혼돈의 여지가 없을 경우에는 '시간'으로 옮기고, 필요시에는 프랑스어를 병기하기로 한다.
[3] 자연의 질서와 시간의 순환을 관장하는 그리스 신화의 세 여신인 동시에 그러한 자연의 원리를 상징하는 개념. 단수형은 '호라*hora*'이다.

존재와 자연 현상의 시간에 리듬을 부여하는 비인간적 계절을 가리켰다. temps은 (물리적) 자연을 꽃피우게 하고, 태어나서 대양의 물결이 움직임에 따라 왕복운동을 하고 하늘이라는 가상의 궁륭에 떠 있는 별들의 배열을 뒤쫓는 (우주적) 삶에 선행하는 시간이다. 또한 하늘의 근원에서 처음에는 땅으로, 다음에는 삶으로 쏟아져 내려와, 인간이 그곳에 고정시키는 일련의 미세한 것들보다 훨씬 상류에 있는 계절의 거대한 순환을 보장하는 temps이다.

*

heure 뒤에는 풍경이 있다.

temps 뒤에 있는 temps은 풍경의 회전이다.

봄, 여름, 가을, 겨울.

풍경은 원래의 물리적 temps이 지닌 잊을 수 없는 얼굴이다.

Heure가 temps의 계승자라면, 'temps'은 본래의 'tempête(폭풍)'로 환원된다.

Heure는 최초의 폭풍이 확산될 때의 돌풍이다.

그것은 하늘 한복판에서 공간의 형태로 빛의 속도에 비례하여 잇따라 폭발하는 Jadis(**옛날**)라는 temps의 움직임을 가리킨다. 하늘을 가로지르는 빛은 폭풍우 속에서 맹렬하게 솟구치다가, 풍경의 무성한 나뭇잎 뒤로, 혹은 산봉우리 위로, 혹은 형태가 바뀌는 구름 사이로 감미롭게 스며든다.

고대 그리스인처럼 말하자면, 각각의 heure를 특징짓는 수수께끼(*ainigma*)는 계절이 존재함으로써 생겨났으며, 계절에서 비롯된 자연(*physis*)은 원시의 망망대해(*panthalassa*)의 세계에서 비롯된 살아 있는 동물들(*ta zôa*)에게 주어진다.

이러한 *Physis*의 지속 기간은 Être(**존재**)의 temps에 선행한다.

계절에—삶의 풍경에—고유한 수수께끼가 별이 총총한 깊은 어둠 속에서 나오는 것은 이러한 Être의 피안에서이다.

좀더 현대적 용어로 표현하면 *jadis*(**옛날**)는 침묵과 어둠과 깊이를 축적하는 반면에, *passé*(**과거**)는 신화적인 것, 전기적인 것, 전설적인 것을 암호화한다.

페르시아와 인도제도를 침략한 알렉산드로스 대왕이 없었다면, 달력을 개혁하고 독재를 고안해낸 카이사르가 없었다면, 알려진 영토 전체에 황제의 권위를 행사했던 아우구스투스가 없었다면, 보나파르트[4]는 '제1집정관'이 되지 못했을

---

4) Napoléon Bonaparte(1769~1821): 장교와 집정관을 거쳐 1804년 프랑스 황제의 직위에 올랐다.

것이고 '황제'의 관冠을 쓰지도 못했을 것이다.

이렇듯 민족의 신화를 받아들이는 언어를 통해 민족의 윤회가 이루어진다.

이렇듯 태초의 폭발에서 직접 솟아오르는 모든 형태는 변모한다.

좀더 정확히 말해 윤회métempsycose, 즉 정신병psychose.

좀더 정확히 말해 형이상학métaphysique, 즉 물리학physique.

처음엔 우주적이고, 이어 해양적이며, 생명적이고, 식물적이며, 동물적이고, 마침내 인간적인 모습으로 이어지는 끊임없는 변모métamorphose. 그것은 마치 우리 자신이 언어가 억압하는 육신으로 돌아가듯, 기원의 어둠으로 회귀한다.

제4장

기도서[1]

 바야흐로 지옥에 떨어지는 금색 테두리로 장식된 형체들.
 우리 할머니가 아이들 키 높이에 맞춰 장롱 아래쪽에 넣어 두신 책들 중에, 1850년대에 베르뇌유 마을에서 23킬로미터 떨어진 레글 숲속의 아름다운 성에서 세귀르 백작 부인[2]이 집필한 시리즈 소설이 있었다. 표지에 씌워진 보드라운 분홍색 천은 낡은 분홍빛, 차〔茶〕색깔의 분홍빛으로 바랬고, 가장자리 올도 풀려 있었다. 정사각형의 얇고 작은 책인 베리 공작[3]의 기도서[4]도 있었다. 하드커버 장정에 사용된 커다란

---

1) 축자적으로 옮기면 '시간들의 책들Les livres d'heures'이다. 가톨릭교회의 전례서로 성무일도서聖武日禱書, 혹은 시간전례時間典禮라고 한다.
2) Comptesse de Ségur(1799~1874): 러시아 출신의 프랑스 여류 작가. 20여 명의 손주를 위해 이야기들을 썼다.

상앗빛 판지는 울퉁불퉁하고, 가볍고, 매혹적이고, 바싹 마른 상태였다. 지면마다 장식 삽화가 하나씩 붙어 있는데, 어떤 것들은 고정되어 있어야 할 지면에서 떨어져 있었다. 부서질 듯 허약하고 정교한 이 세밀화들은 매우 소중하고, 아무런 보호도 없이 드러난 채, 무척 매혹적이라 어린애인 나도 아주 조심스럽게 다루곤 했다.

입을 쫙 벌린 **지옥**의 캄캄한 아가리 속으로 백옥같이 흰 알몸의 여자들이 떨어지고 있었다. 하얀 젖가슴이 축 늘어졌다. 크게 벌린 입은 울부짖었다. 온통 회색빛의 알몸인 남자들은 배와 뒤집힌 성기를 드러낸 채 불길을 향해 두 팔을 벌리고 거꾸로 심연 속으로 가라앉고 있었다. 불길의 빛이 투사되는 페이지 하단으로 모두가 삼켜질 참이었다.

---

3) Jean de France, duc de Berry(1340~1416) : 프랑스 국왕 장 2세의 아들이자 샤를 5세의 남동생으로 예술 애호가. 여러 종류의 채색 필사본을 제작했는데, 랭부르 형제(제4장 주 11 참조)에게 그리게 한 기도서가 대표적이다.
4) 『베리 공작의 매우 호화로운 기도서』를 줄인 말로 하루에 정해진 기도 시간에 쓰이던 가정용 기도 교본. 아름다운 삽화로 유명한 고딕풍의 채색 필사본으로, 일반 필사본보다 훨씬 큰 양피지 200여 장에 66개의 큰 세밀화와 65개의 작은 세밀화가 수록되어 있다.

*

　으리으리한 성의 홀, 커다란 벽난로 안에서 타오르는 불 앞에는 불똥이나 불티가 튀지 못하게 대형 철제 화열 가리개가 설치되어 있다.
　작은 개 두 마리가 식탁 위에서 요리 접시들 사이를 뛰어다니다가 불쑥 혀를 내밀어 맛을 본다.
　베리 공작인 장 드 프랑스가 금실로 수놓인 파란색 로브[5]에 챙 없는 모피 모자 차림으로 식탁 앞에 앉아 있다.
　겨울이다.
　베리 공작인 장 드 프랑스는 **기도서**들을 수집했다.
　자신의 서재와 부르주[6]의 대저택에 기도서 열다섯 권을 소장하고 있었다.
　행복한 시간들heures. 시간temps의 다작多作의, 혹은 비옥한 순환의 시간들heures. 매일 드리는 개인의 기도 일정표. 서원과 관련된 풍경이나 스케치 그 자체는 공작 소유의 여러 다른 성에도 태양이 분사하는 빛이 다소 흐리멍덩하고, 습하고, 쨍쨍한, 사방으로 퍼지는 순간과 관련 있었다. 계절이 부

---

5) 아래위가 내리닫이로 된 길고 풍신한 옷.
6) 프랑스 중부 셰르Cher주의 도시.

르는 모든 소환에 부응하는 실루엣. 왜냐하면 날마다 특유의 색이 있고, 새벽마다 축제의 빛이 있고, 저녁마다 회개와 수치의 그늘이 있으며, 죽음과 신의 수난과 수호성인의 축일과 부활과 솟구침에 대한 느닷없는 눈물이 있기 때문이다.

*

사도 바울은 이렇게 말했다. "*Vetera transierunt sed omnia nova*(낡은 것은 부질없이 낡을 뿐 모든 것은 새롭다)."[7]

과거는 지나간다. 하지만 과거는 그저 떠나게 할 뿐이므로, 떠나간 자리에서 모든 것이 새롭게 솟아난다. 과거는 제자리에서 맴돈다. 공간 안에 머무르지 않는다. 그렇다고 어디에도 뿌리를 내리지 않는다. 현기증, 순환이 과거에 생명력을 불어넣어 쓰러지는 것을 불가사의하게도 다시 일어서게 만든다. 모든 유년기는 새벽이다. 모든 꿈은 새벽이다. 모든 이미지는 새벽이다. 모든 새로운 것은 알몸이다.

봄의 끝자락이다. 6월이다.

온통 회색빛인 그들이 헤엄치고 있다. 정자精子처럼, 반투

---

[7] 고린토인들에게 보낸 둘째 편지 제5장 17절. 우리말 『공동번역 성서』의 번역은 '낡은 것은 사라지고 새것이 나타났습니다'이다.

명한 올챙이처럼.

홀딱 벗은 남자들이 센강의 물속으로 뛰어든다. 아주 최근에 조성된 생트샤펠의 제방 앞에서, 생 루이 왕의 과수원 앞에서.

지금은 여름의 절정이다. 8월이다. 허리띠 밑으로 튜닉[8]을 끌어올린 농부들이 낫으로 베고, 수확하고, 다발로 묶고 있다.

강에서는 새까맣게 그을린 남자들과 창백한 여자들이 너나 할 것 없이 각자 색깔 있는 옷과 셔츠들을 기슭에 벗어놓은 채, 에탕프[9]의 성 앞에서 흠뻑 빛을 받으며 미역을 감고 있다.

*

장 드 베리 공작은 말년에 이르러 다음과 같은 말을 새로운 좌우명으로 삼았다. "시간temps이 보게 되리라."[10]

그런데 temps은 어디에서 보는가?

temps은 heure 안에서 본다.

---

8) 무릎까지 내려오는 상의의 일종.
9) 프랑스 일드프랑스의 도시.
10) 원문 'Le temps verra'를 축자적으로 옮겼다. '시간이 지나면 알게 되리라'는 뜻이다.

물감은 대리석 위에서 삭마기로 분쇄되었다. 그런 다음 고무풀 액체에 담가졌다. 그래야 송아지나 사슴의 매끄러운 다공성 가죽 페이지에 들러붙어 상감象嵌될 수 있었다.

고양高揚에도 위계가 있다.

그들은 늘 하늘부터 채색을 시작했다. 그러고 나서 배경을 칠하고, 그리고 풍경을 만들었다.

그런 다음 전경에 매달려 인물들의 윤곽을 그렸다.

마지막으로 손을 세밀하게 묘사하고, 얼굴의 대략적 윤곽을 그리고 나서 명암을 넣었다.

랭부르 형제[11] 중 한 명인 폴은 장면을 묘사하기 좋아했고, 장 콜롱브[12]는 초상을 즐겨 그렸다.

*

겨울을 상징하는 삽화는 우선 눈 속의 헐벗은 나무를 보여

---

[11] 프랑스에서 활동한 플랑드르 출신의 랭부르Limbourg 삼형제(Herman, Paul, Jean)로 세밀화가이자 채식사彩飾師. 1413~16년에 『베리 공작의 매우 호화로운 기도서』의 삽화를 그렸다.
[12] Jean Colombe(1430~1493): 프랑스의 세밀화가이자 채식사. 랭부르 3형제가 1416년 페스트로 모두 죽자 그 뒤를 이어 받아 『베리 공작의 매우 호화로운 기도서』를 현재의 상태로 마무리했다.

준다.

그리고 양들이 서로 몸을 맞대고 옹송그린 우리가 있다.

세 개의 포도주 통 앞에서 까치와 떼까마귀, 어치들이 쌓인 눈을 들어 올려 상상의 낟알을 쪼아 먹는다.

한 남자가 망토 자락으로 입을 가리며 마당으로 들어선다.

그림 맨 위에는, 아주 멀리 눈 덮인 길에서 뒷모습만 보이는 농부가 장작을 싣고 temps 속으로 올라가는 당나귀를 후려치는 모습이 보인다.

Die schneyichte Zeit(눈 내리는 시간). 단지 눈〔雪〕일 뿐인 temps, 그런 것이 바로 heure이다.

그런데 그림 왼쪽에, 좀더 찬찬히 바라보면, 매우 두꺼운 눈에 덮인 높은 골조 아래로 붉은 터번을 두른 남자와 검정 머리쓰개를 쓴 여자가 불 앞에 평화롭게 앉아 있는 모습이 보인다. 그들은 두 다리를 활짝 벌린 채, 서로 몸이 닿지 않는 거리를 두고, 각자 흠뻑 젖은 튜닉을 걷어 올려 서로 판이하게 다른 성기를 드러내고 타닥타닥 타오르는 아궁이의 빛에 기분 좋게 데우고 있다.

이런 이미지들이 어린 나를 얼마나 사로잡았던가! 어린 시절 눈〔雪〕이 얼마나 나를 매혹했던가!

불길 앞에는 그림 속의 눈처럼 하얀 고양이 한 마리가 고개를 돌려 남녀의 뚜렷이 다른 두 성기를 유심히 살피고 있다.

하나는 부풀어 오르지 않고, 다른 하나도 발기하지 않은 것이 마치 둘 다 잠든 것 같다.

제5장

이스키아[1] 해변

　우리는 바다의 파도를 따라 걸었다. 하늘에 어둠이 몰려들었다. M과 함께 점점 더 느리게 앞으로 나아갔다. 더 이상 앞이 보이지 않아서였다. 어둠 속에서 물거품으로 반짝이는 가장자리를 따라 걸었다. 마치 자신이 분비한 점액의 은빛 흔적을 따라가는 달팽이들 같았다. 우리는 온통 검은색 일색인 가운데서—화산의 검은 모래사장에서—채소 튀김, 얇게 저민 가지, 색색깔의 파프리카, 루카[2]산 올리브가 있는 간이식당을, 그리고 갑오징어·물오징어·새우를 튀기고, 봉골레 파스타와 작은 가자미, 지글지글 끓는 기름에 막 튀겨낸 신선

---

[1] 이탈리아 나폴리만 입구 북쪽에 있는 섬.
[2] 이탈리아 중북부의 도시.

한 엔초비 요리가 나오는 생선요리 전문 식당을 다시 찾아냈다.
행복한, 그지없이 행복한 시간들.

제6장

태양 안에는 세 개의 태양이 있다

하루의 황혼, 그것은 한 해의 가을이다.

가을은—봄이 꽃에서 꽃의 이미지를 취했던 것처럼— 지구에 더 가까운, 아주 가까운 달을 호명한다. 겨울은—여름이 뻐꾸기의 노래로 요약되듯이—눈[雪]이다. 이러한 쌍은 구분되지 않는다. 우리보다 앞서 간다. 우리를 가르친다. 우리에게 알려준다. 번갈아 뒤를 잇는다. 회전한다. 큰 시간temps은 회전한다. 시간heure은 날짜와 반대로 회전한다. temps에서 가장 아름다운 것은 사람들보다 더 오래된 이미지에서 바뀐다. heure는 사람들이 돌 듯이 회전한다. 마치 별들이 돌 듯이. 눈을 헤치고 나오는 꽃 한 송이, 그것이야말로 달도 낮게 뜬 싸늘한 겨울밤에 울새가 갑자기 노래했던 무엇이다. 이 세계의 흐름은 선조적線條的이 아니라 순환적이다.

꽃들은 태양을 향해 곧추서서 그 빛을 섭취한다. 장미와 모란과 달리아가 그 빛을 취해 만들어내는 것이 생명이다.

*

  겨울에 자라는 유일한 꽃,
  오, 살짝 분홍빛이 감도는 연한 흰색에 가까운 큼직한 꽃,
  헬레보루스,[1]
  죽은 자의 아네모네,
  죽은 잔디밭 혹은 차라리 휴경지에서,
  심지어 시커먼 진흙탕에서도 피는,
  잎이 터무니없이 크고 두껍고 칙칙하고,
  수술은 바닷속의 오징어가 내뿜는 먹물처럼 새까만,
  오뚝하게 솟은 꽃!
  추위가 오면 돋아나는,
  예전에 크리스마스 로즈라 불리던 꽃!

---

[1] 미나리아재빗과의 여러해살이풀.

*

싸락눈에 덮인,
움츠렸다 갈라지는 비옥한 토양에서 자라는 꽃.
갈라진 틈새는 얼음으로 메워진다.
겨울의 혹한에도 얼지 않는 꽃.
소복이 쌓인 눈을 뚫고 나와 자라는 꽃.

*

부활절 일요일에 잠에서 깨면 모든 여자와 남자는 창문을 활짝 열어야 한다. 그리고 두 눈을 아주 꼭 감아야 한다. 곧 다시 눈을 뜨고. 바로 그 순간, 새벽에 춤추기 시작하는 태양을 온 힘을 다해 뚫어지게 바라보아야 한다. 왜냐하면 세 개의 태양, 후광에 쌓인 삼위일체의 세 태양은, 이 태양의 날에, 이 sunday에, 이 sonntag[2)]에, 이 **부활**의 날에, 우리가 **시간**Temps이라 부르는 현기증이 날 정도로 회전하는 우리 세계의 원천인 별이 형성하는 기이한 황금빛 원 안에 있는 쇄신의

---

2) '일요일'을 뜻하는 독일어. (Sunday와 Sonntag를 소문자로 표기한 것은 작가의 의도로 보인다.)

날에, 언제나 그렇듯 동시에 단번에 솟아오르는 태양 의례가 있기 때문이다.

이러한 관습은 1255년 부르고뉴에서 입증되었고, 1933년도 욘[3]에서 여전히 시행되었다. 첫번째 태양에서는 신의 전 생애와 죽음이 우리 뒤편에 있다. 그것은 우리가 훤히 꿰고 있는 일련의 환상적 장면이다. 부활절 금요일에 꺼내 **부활**의 일요일에 다시 펼치기라도 하면 섬세한 세밀화가 줄줄이 이어지는 기도서와도 같은 것이다. 어둠, 추위, 허기, 역경, 채찍, 축사, 불, 겨울, 죽은 한 해 전체가 기억과 말〔言〕, 물신과 추억보다는 더욱 과거의 심연 속에 던져진다. 하루의 새벽은 새해의 오로라가 되었다.

두번째 태양에서는 가축이 구유에서 축복을 받는다. 암말은 마구간에서, 암퇘지는 돼지우리에서, 가금은 사육장에서, 꿀벌은 벌통에서, 아내는 새벽녘 침대에서. 부활절 일요일 아침나절에는 관례상 집의 안주인이 깨끗하게 씻은 알몸으로 침대에 머무른다. 오른팔로 젖가슴을 가리고, 볼록하게 오므린 왼손으로 외음부를 감춘다. 신부 혼자 부부침실로 들어간다. 성가대 소년들과 미사 보조자들은 문 앞에 남는다. 그러면 안주인이 팔을 들고 손을 뗀다. 신부는 손을 들어 올

---

3) 부르고뉴 지방의 주. 이곳에 키냐르의 집이 있다.

린 채 다가가 성수채로 배〔腹〕를 축복하여 다산을, 젖가슴을 축복하여 젖이 가득하도록 기원한다.

그러는 동안 큰 홀에서는 하인들이 부활절 점심 식사를 위해 식탁보 위에 은도금한 포크와 나이프를 놓는다. 일요일의 향연이 시작될 때, 즉 예배당의 종소리가 정오를 알리면 집주인이 혼자 사용하게 될 것들이다. 그에게 그것들을 사용할 권한이 주어지는 유일한 날이다.

부활절 축연 후에 우리는 거처를, 주거지를, 벌통을, 농가를 떠난다. 항상 신부를 뒤따라, 오브[4] 차림의 제단 봉사자들을 뒤따라, 시편을 낭송하는 성가대 소년들을 뒤따라, 변성되지 않은 목소리로 부르는 성가와 금관악기 연주가 엇갈리는 브라스밴드를 뒤따라 우리는 들판을 가로지르며 찬양한다. 우리는 숲으로 들어가 찬양한다. 우리 모두가 행렬을 지어 샘으로 가서 샘물을 찬양한다. 이제 우리는 세번째 태양 속으로 들어간다. 봄이다. 웅성거리고, 풍성하고, 파닥거리고, 잉잉거리고, 붉어지고, 빛나는 봄이다. 더 이상 기도나 사제는 필요하지 않다. 모두가 한마음으로 노래를 부른다. 긴 대열을 이루며 카롤[5]춤을 춘다. 이것이 한 해가 다시 출현

---

4) 가톨릭 전례에 사용되는 흰색의 긴 옷. 사제나 복사 등이 입는다.
5) 중세의 축제 때 대중이 어울려 추던 춤.

하고, 사회가 재생되고, 자연이 거듭나는 방식이다.

*

나는 외르[6]의 관문을 거쳐 르아브르[7]로 돌아왔다. 당나귀, 종탑, 곳간, 방앗간, 분수가 보였다. 적어도 암석들 안에 깃든 그것들의 유령을 보았다. 르아브르는 도시 아래의 도시였다. 1525년 이전의 도시, 불운한 조수 marée malheureuse를 뜻하는 말마레 Male marée가 닥치기 이전의 구도시였다.[8]

---

6) 노르망디 지방의 주.
7) 노르망디 지방의 항구도시로 키냐르의 고향.
8) 1525년 1월의 어느 날 밤 엄청난 폭풍이 일었고, 해수면 아래 위치한 이 작은 항구 마을에 바닷물(말마레)이 밀어닥쳐 수많은 어선이 난파되고 인명 피해를 입었다. 이후 프랑수아 1세의 명으로 방파제가 축조되면서 파리의 관문이 되고, 1540년대 이르러 도시화된 항구로 발전했다.

제7장

Speculum historiale(역사의 거울)

 랭부르 형제가 그린 베리 공작의 기도서에 실린 삽화들 중에서 나는 폴의 그림을 제일 좋아한다. 가장 아름답고, 가장 공들이고, 가장 화려한 그림이다. 나는 그것을 마지막 왕국 시리즈 제4권 『천국에 속하는 것들』[1]의 표지 그림으로 썼다. 알몸의 하와가 풀밭에 무릎을 꿇은 아담을 내려다보며 서 있다. 나뭇가지에서 딴 경이로운 새빨간 열매를 쥔 오른손을 내밀고 있다. 그런데 정작 내 마음을 뒤흔든 것은 성性적인 영벌을 초래할 증여물이 아니다. 나는 그녀의 왼손에 감동한다. 알몸의 젊은 여자는 알몸의 남자 어깨 위에 다정하게 왼손을 살포시 얹고 있다. 그를 사랑하기 때문이다. 그녀가 사

---

[1] Pascal Quignard, *Les paradisiaques*, Dernier royaume IV, Grasset, 2005.

랑을 속삭이려고 그의 목덜미를 어루만지는 것인지, 순수한 호의와 신뢰로 인해 그에게 몸을 기대는 것인지, 자신이 손바닥에 얹어 내민 열매를 잡으라고 그의 어깨살을 누르는 것인지 우리는 알지 못한다. 하지만 무엇보다도 여자의 눈이 그녀를 향해 얼굴을 돌린 남자의 눈을 고통스럽고 불안하게 바라보고 있다.

남자의 경우, 오직 그녀만을 바라본다. 열매는 안중에도 없고 그녀의 시선에 푹 빠져 있다.

*

뱅상 드 보베[2]의 글이다. "아담과 하와는 창조된 바로 그날 과오를 범했다."

그러므로 천지창조의 여섯번째 날이다.

정오는 하루의 한가운데 수직으로 꽂히는 시간이다. 대지에 똑바로 착지하는 시간이다.

열두번째 시간의 열두번째 타종의 순간에 과오가 발생했기 때문에 나체―나체에 대한 **수치심**―는 13시부터 시작

---

[2] Vincent de Beauvais(1184/1194~1264): 프랑스의 도미니크회 수도사. 당시의 신학 사상 및 자연 철학을 집대성한 백과사전적 대저『커다란 거울 *Speculum Majus*』 80권을 썼다.

된다.

 정오의 빛이 쏟아지거나, 가장 강렬한 계시의 종소리가 울리면, 즉시 수치심에 사로잡히는 인간은 그로 인해 다른 모든 동물과 구별된다. 13시에 나타난 수치심은 **추락**의 증거이다. 남자는 즉시 성기에 손을 얹어 최초의 여자의 시선에서 그것을 숨긴다. 이후로 여자는 일종의 의혹이나 두려움 어린 시선으로 남자를 바라본다.

 두 시간씩 두 번이 흐른다. 황혼이 시작될 무렵이다. 여자는 왼팔로 젖가슴을 가린다. 오므린 오른손으로 성기를 가려 보이지 않게 한다.

 결국 여섯번째 날 완전히 황혼이 되자 남자와 여자는 쫓겨났다. 경계를 넘으며 그들은 한탄부터 쏟아내기 시작했다. 그런데 에덴을 떠나자마자 그들은 불평이나 아쉬움을 토로하기보다 더 나쁜 짓을 저질렀는데, 말을 했던 것이다. 게다가 에덴을 떠나는 즉시 여자가 남자의 어깨에서 손을 뗐다. 애정은 사라지고 성적 적대감이 나타났다. 그들은 **대화했다**. 그 말인즉, 인간의 반목, 젠더의 분리, 양극과 역할의 길항작용, 전쟁, 이런 것들이 도처에 있었음을 의미한다.

 예수님이 정오에 십자가에 못 박히신 이유는 바로 이 세상을 보속하기—이 세상의 과오를 속죄하기—위해서이다.

*

　전날 밤, 달빛 아래서, 황폐한 우물 근처에서, 감람나무 밭에서 무릎을 꿇은 **신**은 감람나무 줄기나 회색빛 암석에 등을 기댄 채 당신 주변에서 자고 있는 제자들에게 속삭였다.
　"나와 함께 **한 시간**une heure만 밤을 새워줄 수는 없는가?"

*

　아고스티노 인베제스[3]는 창세기 연보를 뱅상 드 보베처럼 생각하지 않는다.
　아고스티노 인베제스는 시간heure을, 즉 최초의 남자와 최초의 여자가 아직 낙원에 있을 때 경험했던 최초의 순간들을 다르게 계산한다. 더욱 엄밀하게 본래의 수학을 파고든다. 아고스티노 인베제스의 글이다. "지구는 3월 22일 어느 화요일, 하루의 첫번째 시간이 시작되어 최초 15분 내에 일어난 일출의 순간 창조되었다.
　하와는 3월 25일 금요일 11시에 사과를 비틀어 따는 과오를 범했다. 나뭇가지에 달린 사과가 호기심이나 배고픔보다

---

[3] Agostino Inveges(1595~1677): 이탈리아 역사가.

는 더욱 욕망을 자극했기 때문이다.

아담도 정오 정각에 사과를 베어 물었다.

태양이 정점에 이른 바로 그 순간 남자는 미처 삼키지 못했다. 바로 그 순간 삼킬 수 없게 된 조각이 목구멍에 들러붙었고, 시간temps의 최초의 흔적처럼 목에 울대뼈로 솟았다.

시간의 최초의 흔적인 **아담의 사과**[4]는 언어의 바로 아래에서 목을 조여 오는 불안이다.

신에 관해서는, 15시가 되어서야 정원을 산책했다고 분명히 명시되어 있다.

최초의 여자는 두 팔을 치켜들고 울부짖으며 최초의 남자를 따라간다. 주먹 쥔 두 손으로 눈을 가린 남자의 오른발은 아직 미세하게 **낙원**의 공간에 머물러 있다. 16시에 둘 다 에덴동산에서 쫓겨났다."

*

---

4) 목울대pomme d'Adam의 축자적 번역.

제8장

이사

  과거는 우리가 새로운 장소에 당도하는 즉시 변형된다. 이사를 할 때마다 우리의 삶 전체가 삶을 침수시키는 물결에 다시 휩쓸리게 된다. 모든 기억은 발견되는 것 가운데 떠오르는 기억 안에서 다짜고짜 다시 시작된다.

*

  모든 건축물은 세워지면서 사라진 한 장소를 철저하게 가로챈다.

나는 '신성한 의례 회중Sacrée Congrégation des rites'[1]이 1940년 7월 6일, 감실龕室[2] 위의 등불을 전기 시설로 교체하기를 승인한 결정이 과연 옳았는지 의구심이 든다. 독일이 프랑스를 점령했을 당시의 이상한 우려. 프랑코[3]가 탕헤르[4]를 침략했을 당시의 우려.

*

모든 둥지 뒤에는 부서진 껍질이 하나 있다.

---

1) 예식의 전례와 성인聖人의 시성諡聖을 담당하는 교황청의 한 부서.
2) 가톨릭 성당 안에 성체를 모셔둔 곳.
3) Francisco Franco(1892~1975): 에스파냐 내전 이후 집권하여 36년간 통치한 파시스트 성향의 독재자.
4) 지브롤터 해협의 모로코 항구.

제9장

Hôrai [1]

*hora*는 시간temps을 촉진시키는 움직임을 규정한다. 밖으로 밀어내고 안으로 휘게 하는 무엇. *hora*는 **동산**(*hortus*) **밖으로 나오게 하는 무엇**이다. 에덴에서 나오는 순간에 temps의 박동을 추진하는 무엇이다. 어머니에게서 나오는 순간에.

*hortator*는 고대 선박에서 사공들의 노 젓는 리듬을 활성화시키는 일을 맡은 사람을 가리켰다.

이것은 최초의 배―황금 **양털**을 찾아 흑해로 항해하는 이아손[2] 휘하의 배―에서 오르페우스[3]가 수행하는 역할이다.

---

1) 제3장 주 3 참조(20쪽).
2) 그리스 신화의 영웅. 부친이 빼앗긴 왕권을 되찾기 위해 이올코스의 왕 펠리아스의 요구에 따라 아르고호 원정대를 결성하여 잠들지 않는 용이 지키는 콜키스의 황금 양털을 가져왔다.

그리고 진정한 음악가인 부테스[4]가 싫어하는 규정이다. 그래서 그는 바다로 뛰어내린다.

그러므로 heure(*hora*)는 오고 있는 temps에게 서두르라고 권하는(*hortor*) 무엇을 정의한다. heure는 결코 temps이 제시간에 à l'heure 오도록 부추기지 않는다. *hora*는 temps의 유입이 풍경 한가운데로 몰려들게 애쓴다. heure는 temps이 앞당겨 오도록 부추긴다. *hora*는 temps이 '제때에 être à temps' 오게 하는 게 아니라, 최초의 temps으로서, *primum tempus*(첫번째 계절)로서, 'printemps(봄)'으로서, temps의 시작으로서, *natura*(자연)의 용출뿐만 아니라 *nascentia*(출생)의 용출로서 끊임없이 'temps 안으로 회귀하게' 밀어붙인다.

이것이 바로 로마가 어떤 적에게도 누설되지 않게 지키려던 비밀의 이름인 *Flora*[5]를 시간의 여신 *Hora*가 감추는 방식이다.

플로라Flora는 temps의 비밀스러운 이름이다.

heure의 출현, 개화는 겨울의 죽음을 무찌르는 생명의 위

---

3) 그리스 신화에 나오는 음유시인이며 리라의 명수. 아르고호에서 리라 연주로 세이렌의 치명적인 노랫소리를 제압했다.
4) 아르고호 선원으로 세이렌의 노랫소리에 이끌려 물속으로 뛰어들어 목숨을 잃었다. 키냐르의 『부테스』(2008) 참조.
5) 꽃과 봄의 여신.

대한 여신이다. 12월의 깊은 어둠에 묻혀 위기에 처한 temps을 자신의 규칙 아래 놓이게 한다(사투르날리아 축제, 사투르누스-크로노스 축제, 묵은 해〔年〕의 신이나 왕의 처형).[6] Flora는 여신의 이름이 훼손되지 않도록 Hora로 변신한다. Flora는 대지에 heure을 줌으로써, 즉 계절들을 제공함으로써, 폭풍 tempête을 아버지로 둔 temps에 봄printemps을 가져다주는 신이다. 자연을 소생시켜 알록달록하고, 다채롭고, 잡다한, 예측불능의 분출을 일으키게 하는 신이다. 영원한 **도시**에서 거행되던 **플로랄리아 축제**[7]의 신이다.

*

 동이 트는 동안 하얀 수련의 꽃잎들이 가장 먼저 벌어진다.
 7시에는 고추나물꽃이다.
 8시에는 별봄맞이꽃의 차례이다.
 9시에는 금잔화……

---

6) 농경의 신 사투르누스(토성)에게 바쳐진 고대 로마의 농신제農神祭. 로마가 그리스를 정복한 후에 로마의 사투르누스와 그리스의 크로노스가 융합된 것으로 보인다.
7) 고대 로마에서 꽃의 여신 플로라를 찬양하여 열리던 연례 축제.

이것이 칼 폰 린네[8]가 그의 경이로운 시계를 구상하기 시작했던 방식이다.

*

새들이 조바꿈하는 노래는 일정한 시간에 들려온다. 날아오름, 소리, 시퀀스, 높이, 덤불의 아래, 꼭대기의 높다란 잎들, 이런 것들은 시간temps의 흐름을 표시하고 그것을 현장에 분배한다. 수탉의 울음소리는 아침을 깨우는(*expergifique*)[9] 소리이고, 올빼미(*bubo*)의 울음소리는 한숨(*gemulus*)이고, 부엉이(*ulula*)의 울음소리는 신음(*guerulus*)이고, 폐허의 올빼미(*noctua*) 울음소리는 제 울림을 따라 되감기듯(*intortus*) 이어지는 구구거림이고, 매미의 울음소리는 날카로운 부르짖음(*obstreperus*)이고, 제비의 울음소리는 고음의 휘파람 소리(*peragula*)이다.[10]

나이팅게일의 울음소리—즉 어머니에 의해 목이 잘려 아버지에게 스튜로 제공되는 무고한 어린 사내아이의 노래—는 한밤중에 들린다.[11]

---

8) Carl Von Linné(1707~1778): 스웨덴의 식물학자.
9) 라틴어 *expergificus*의 오기.
10) 괄호 안은 앞 단어의 라틴어 표기이다.

헤라클레이토스[12]가 단장 100에 기록한 매우 급진적인 말이다. "시간들heures은 모든 것을 초래한다."

Hôras hai panta phérousi.

글자 그대로 옮기면 이러하다. 시간들, 모든 것들, 가져온다.

시간은 싹트기, 성숙하기, 시들기, 다르게 변하기를 초래한다.

생성되는 것은 무엇이나 heure의 *horaison*(기도)[13]에서 벗어나지 못한다.

---

11) 그리스 신화에서 프로크네(아테네의 공주)와 결혼한 테레우스(트라키아의 왕)가 처제인 필로멜라에게 반해 겁탈하고 이를 감추기 위해 그녀의 혀를 잘랐다. 이를 알게 된 프로크네가 테레우스와의 사이에서 낳은 아들 이티스를 죽여 그 고기를 테레우스에게 먹였다. 화가 난 테레우스는 도끼를 들고 두 자매를 쫓아다녔다. 그러자 제우스가 필로멜라는 나이팅게일로, 프로크네는 제비로, 테레우스는 매로 변신시켰다고 한다. 키냐르는 나이팅게일을 이티스의 변신으로 기억하는 듯하다.
12) 기원전 6세기 말 고대 그리스의 사상가. 탈레스의 학설에 반대하여 불을 만물의 원리로 보고, 불의 영원한 운행을 지배하는 신적인 이성(로고스)을 신탁으로 파악했다.
13) *horaison*은 라틴어 '*hora*(시간) + 프랑스어 oraison(기도)'의 키냐르식 합성어로 짐작된다.

왜냐하면 사람들은 필멸의 존재가 아니라 궁극의 존재인 까닭이다. 모든 것이 그들의 수중에서 끝난다. 모든 것이 그들의 세계를 떠올리는 언어 안에서 사라진다. 모든 것이 연속되지 않는 나날의 덧없음에서 최후가 된다. 모든 것이 연속해서 매일 밤 열리는 밤의 어둠 속에서 한없이 어두워진다. 죽어가는 그들의 시선 속에서 세상 만물이 꺼지는 그 순간까지.

*

소포클레스의 작품—'아이아스'라는 제목의 비극—에 나오는 그리스의 가장 용맹한 전사인 아이아스는 자신의 죽음을 초래할 검을 손에 쥐고 646행에서 이렇게 말한다. "산출算出 불가능한 거대한 시간temps은 보이지 않는 만물을 돋아나게 하고, 일단 그것이 출현하면, 우리 눈에 드러내는 빛의 내부에서 그것을 암호화한다. 따라서 우리가 기다릴 수 있는 것은 아무것도 없다."

그리스의 전사들 가운데 가장 용감한 아이아스는 단호하게 말한다. "기다리는 기다림에서 모든 것을 기대해야 한다."

도래하는 것—temps은 **도래하는 것**이므로—은 어떤 질서에도 복종하지 않으며 어떤 운명도 거역한다.

그것은 **예측할 수 없는 것**이다.

과거를 지배하는 것은 아무것도 없다. 다만 망티크[14] 없는 (예언도, 미래도 없는) 한 번의 분출만이 끊임없이 되돌아올 뿐이다. 하지만 그것은 결코 '있었던 그대로' 돌아오지는 않는다.

그런 것이 Heure이다. 우리가 실제로 경험하는 어느 것도 말로 서술될 수 없다.

*

『오디세이아』의 열한번째 노래에서 율리시스[15]는 피투성이 음순처럼 벌어진 구덩이 속으로 내려간다. **저승**에 침투하여, 양성兩性을 지닌 유일한 인간, 두 가지 쾌락을 두루 맛본 유일한 육신, 레테의 물을 마시지 않아 생전의 기억을 고스란히 간직한 유일한 죽은 자로서, 망령들의 우두머리인 **샤먼** 테이레시아스[16]의 안내를 받아 **명부**冥府의 입구로 들어간다.

---

14) mantique는 예언이나 점술을 뜻하는 단어로, 철학적 맥락에서는 미래를 예측하거나 사태에 의미를 부여하는 예지적·해석학적 행위 전체를 가리킨다.
15) 그리스 신화에 나오는 영웅 오디세우스의 라틴어명 울릭세스Ulixes의 영어식 변형.
16) 그리스 신화에 등장하는 테베의 맹인 예언자.

그가 아이아스의 망령에게 다가가자, 아이아스는 자신의 죽음을 초래한 검을 여전히 손에 쥔 채로 능갈맞은 유명한 전사를 향해 사납게 돌아선다. 그에게 말하기를 거부한다. 말하는 자에게 말하기를 거부한다. 망령들의 순수한 침묵.

제10장

욘강

 아침은 환히 빛나지 않는다. 주변을 드러내며 가뭇없이 도래한다. 태양의 붉은 황금빛 원반보다 먼저 나타난다. 아침에는 달의 형태가 느낄 수 없을 만큼 느리게 지워지므로 그 흔적이 하늘 한복판에 어렴풋이 남아 있다. 아침의 냉기에서 생성되는 구름이 열리는 하늘에 윤곽을 그린다. 아침의 희뿌연 빛은 그림자로 변하는 어슴푸레한 빛을 발생시키고, 기와지붕의 가장자리를 빛나게 하고, 욘강의 흐르는 물을, 그리고 바람이 일면서 강물에 주름을 만드는 최초의 물결들을 반짝거리게 한다. 엉겅퀴 다발의 희미한 푸른빛이 나타난다. 그러고 나면 작은 빨간 꼬투리가 달린 들장미 덤불, 집, 강변의 모든 주민들, 바닥이 납작한 검은색 배〔船〕, 개암나무들이 모습을 드러내기 시작한다. 새벽은 아직 그림자 없는 존재들을 여명에 통합한다. 지극히 희미한 별빛들이 하늘의 궁륭에서 갑자기 작은 점으로, 작디작은 *puncta*(점들)로, *punctula*(작은 점들)로, *punctilla*(아주 작은 점들)로 사그라지며 오로라가 새벽 한가운데로 도래한다. 오로라의 광선으로 만물의 윤곽이 또렷이 드러난다. 내뿜는 빛이 모든 것의 색을 제거하고 형체를 뭉개고 합쳐 아우르던 밤의 어둠을 벗겨낸다. 새벽 다음이 오로라라면, 오로라 다음은 아침이다. 시간heure의 미세한 조각에 불과한 아주 짧은 순간, 이미 떠올라 있던 해가 비로소 떠오르며 지상의 형태들을 드러내고, 습기를 제거하고, 침묵 너머의 어둠의 반사로, 흐릿함의 반사로, 심지어 해의 첫 열기가 수면을 수증기로 변형시켜 만드는 안개로 휘감는다. 새벽이 되어도 색은 나타나지 않는다. 진짜 색깔은 아침도 아니고 대낮이 되어서야 나타난다. 새벽은 아침이 오로라가 아닌 것과 마찬가지로 낮이 아니다. 아직 어둠 속에 머무르는 새벽, *alba*(하양)는 아마도 **백색**에 포함된 온갖 색들의 상류에서 일어나는 **희어짐**인 듯하다.

새벽은 색들이 하늘을 되살리기 전에 하늘에 나타나는 색들의 **옛날**Jadis이다.

*

　강에 해가 질 때는 아직 황혼이 아니라 저녁이다. 황혼은 해가 사라질 때다. 해가 질 때 해는 이렇게 사라진다. 즉 해는 어부들의 나무 부교浮橋 바로 위의 오리나무에서 떠나기 시작해 정원에서 사라진다. 저녁마다, 이곳에, 개암나무 숲 오른편에, 사과나무 앞에 불가항력적으로 가라앉는다.
　모든 것이 꺼지기 전에 빛은 한순간 지속된다.
　빛의 최후의 보루에서 버티다가 사라지는 ─아무것도 믿지 않는 퐁트넬[1]이 신의 빛으로 간주했던─ 야릇한 빛.
　신을 믿지 않던 100세의 이 늙은 철학자는 저녁과 밤 사이, 일몰 후 황혼 전을 신이 '은총을 내린' 때라고 말했다.
　소위 '개와 늑대 사이'[2]라고 말하는 시간은 우리가 더 이상 인접한 종種이나 유사한 종을 또렷이 분간할 수 없음을 뜻한다. 그것들을 구분하는 무엇이 사라진다. 새끼 염소와 어린 양 사이의 시간. 식물들은 서로 합쳐진다. 물질적인, 자연적인, 살아 있는 존재들의 온갖 형태를 되삼키는 본래의 무정형, 그런 것이 황혼이다.

---

1) Bernard Le Bovier de Fontenelle(1657~1757) : 18세기 계몽주의 사상가이자 문학가.
2) 낮은 아니지만 밤도 아닌 '땅거미가 질 무렵.'

따라서 그것은 황혼의 시간일 뿐 아니라, 해가 수평선 너머로 사라진 후에도 그 너머에서 나타나는 빛이기도 하다. 그것은 저녁기도 시간이다. 이런 빛의 여운이 저녁기도 시간을 황혼의 시간과 구분 짓는다. 이것이 기이하게도 퐁트넬이 말하는 은총이다.

*

여명의 시간이 현현의 숭고한 시간이라면, 황혼의 시간은 좀더 차분한 소멸의 시간이다.

북극광은, 태양이 수평선에서 솟아오르기 훨씬 전에, 극지에서 놀랍게 상승하여 대기권 상층에 발광發光을 투사한다.

저녁기도 시간, 죽음에 대한 일종의 아쉬움의 시간.

그것은 유령이다.

금성은 식별하기 어려운 별이므로 황혼crépuscule 한가운데서 차츰 분간할 수 있다. 반면에 오래된 라틴어인 *creper*(희미한), *creperum*(어두운)[3]은 가시세계에서 모든 형태가 모호해지는 이 순간을 가리킨다.

황혼은 낮의 **황홀**을 호명한다. 황혼은 행복을, 잠을, 포옹

---

3) 원문의 *creperus*는 *creperum*의 오기.

을, 꿈을 다시 끌어들인다. 더 이상 이 세상에 태양이 없으므로, 닫힌 장소라면 어디서나 등불을 밝힐 시간이다. 집에서, 살롱에서, 모든 제단 위에, 모든 부속 예배당에서.

vêpres(**저녁 예배**)라는 단어는 종규에 따른 시간들 중 가장 엄숙한 시간을 가리킨다. 어둠 속에서 죽은 신을 위해 마련된 순간이기 때문이다.

그것은 합주의 시간이다.

그것은 **태어나는 어둠**에 의해 멜랑콜리가 승인되는 시간이다.

갑자기 무기력해지는 몸 안으로 **나른함**이 비집고 들어오는 시간이다.

멀리 황야에서,

혹은 먼 산비탈에서 울리는

저녁 예배 종소리. 이 종소리에 맞춰 하늘이 드리우기 시작하는

저녁의 음영.

별이 비가시 세계를 흩뿌리는 기이한 사건이 맑게 울려 퍼진다.

*

　형태는 거죽을, 깍정이를, 모양새를 떠나기에 앞서 스스로 바르르 떨린다. 이윽고 모든 것이 꺼진 다음에, 즉 **밤**의 여신으로 육화된 어둠이 하늘에 내린 다음에, 달빛과 별빛이 태어난다. 밤, 즉 푸르스름한 밤, 완전한 암흑이 아닌 밤의 어둠.

*

　우주는 살아 있지 않다.

*

　에밀리 디킨슨은 일생 동안 회중시계나 괘종시계의 숫자판 읽는 법을 배우기 거부했다. 그녀는 서로 다른 바늘들 간의 작용을 이해하지 못했다. 자신은 카리용[4]으로 충분하고, 나머지는 하늘에 뜬 태양을 보면 된다고 말했다.

---

4) 여러 개의 종을 음계대로 달아놓고 치는 타악기로 주로 교회에서 종소리로 사용한다. .

제11장

모가도르

 모가도르[1]에서 10킬로미터 떨어진 지점, 해안에서 가장 높이 솟은 암석 뒤, 성인의 흰 무덤 앞, 언제나 절벽 그늘에 잠긴 산비탈에 회색빛 목조 탈의실이 두 개 있다. 예전엔 흰색이었다. 빗물에 퇴색되고 일종의 소금이나 소금 부스러기에 뒤덮인 채 숱한 계절을 거치며 부식되었다. 목재는 희미하고 부드러운 회색빛으로 변했다. 이곳으로 그녀는 옷을 갈아입으러 들어갔다. 가시나무 목재의 미적지근한 냄새 속에서 두 발로 시원한 모래와 자갈을 디뎠고, 구멍이 숭숭 뚫린 문을 닫고 걸쇠를 걸었다. 목조 부스는 산에 기대어 세워진 것처럼 보이지만, 실은 암석에 부분적으로 끼워져 고착된 상

---

1) 모로코의 항구도시 에사우이라의 옛 이름.

태였다. 호텔의 여성 지배인이 그곳을 관리하고, 살피고, 여성 전용으로 운영했다. 갑자기 M이 소리 없이 불쑥 나타나 모래사장을 걸어오는 모습이 보였다. 저 멀리, 그리고 내게 더욱 가까워지고, 그리고 성큼 내 앞으로 다가왔다. 나는 해수욕장 시설 관리인이 젖은 모래밭의 경계에 내다놓은 덱체어에 몸을 쭉 뻗고 누워 책을 읽는 중이었다.

그녀는 바다를 향해 가고 있었다.

그녀는 하루에도 어김없이 서너 번씩 바다에 이끌리곤 했다. 그 사실로 내가 느끼는 감동은 말로 표현할 길이 없지만, 그것은 기억 그 이상이다. 그녀는 매일 몇 시간씩 수영을 하거나 물속에서 걸었다. 나머지 시간에는 책을 읽거나, 휴대폰으로 우리가 식사하러 갈 맛집이나, 해안이나 들판에 있음 직한 새로운 장소를 검색했다.

바다 가까이 이르자, 그녀는 갑자기 비치가운을 등 뒤로 마른 모래의 가장자리에 떨어뜨렸다. 그러자 곱슬곱슬한 기다란 검은 머리칼이 양어깨로 쏟아져 내렸다. 그녀는 해안의 얕은 물과 파도 속에서 약간 기계적으로 계속 걸어갔다. 엄밀히 말하자면 바다 속으로 미끄러져 들어갔다. 요동치는 망망대해 대서양의 늘 바람이 일고 얼음처럼 차디찬 물속으로 의연하게 들어가곤 했다. 마치 물이 공기라도 되는 듯이. 나는 얼마나 그녀에게 감탄했던가. 그녀의 자긍심은 또 얼마나 감동적이었던가. 눈〔雪〕보다 훨씬 더 차가운 바닷물로 곧장 들어가다니. 대서양에서 밀려오는 하얀 거품의 파도가 차츰 그녀 앞에서 솟아올랐다. 갑자기 바람이 불자 파도가 그녀의 배 또는 가슴을 후려쳤다. 그녀는 꿈쩍도 하지 않았다. 마침내 물이 배꼽까지 차오르고, 이어서 윗배를 감쌀 즈음이면, 슬며시 물속으로 들어가 턱을 높이 치켜들고 먼 바다로 헤엄쳐 갔다. 저 멀리, 아주 먼 곳에서 오래된 요새의 돌출된 바위들 중 하나로 올라갔다. 내 수영 실력으로는 지나치게 먼 거리였다. 나는 한 번도 그녀와 함께하지 못했다. 바닷물이 세차게 때리는 탓에 바위는 보일락 말락 반짝일 뿐 거의 보이지 않았다. 그녀의 몸은 커다란 흰색 물 다발에 에워싸인 작은 점 하나였다. 망망대해의 세상 끝에 있는 점 하나.

*

영혼이 잉걸불인 여자들이 있다.

*

시간은 자신의 무한 도주에 대해 아무런 해명 없이 흘러갔다.

제12장

벨렝의 탑

 바닷가에서는 우레 소리가 난다. 온통 영혼을 먹먹하게 만든다. 과거는 전혀 닮지 않은 야릇한 파도의 형태로 끊임없이 귀환한다. 바닷물을 끼얹어 우리를 흠뻑 적신다.
 바닥에 패대기를 칠 수도 있다.
 우리 삶의 과거, 그리고 생명체의 심연에 깃든 자연의 과거가 지상에서 우리를 덮친다.

*

 나는 몇 시간을 기다리곤 했다. 에게해의 해변에서. 티레니아해의 해변에서. 아드리아해의 해변에서. 대서양의 해변에서. 그리고 영불해협의 해변에서. 숏커트한 밤색 머리의 에마뉘엘을 하루에 최소 두 번은 기다리곤 했다.

바위 위에서 기다렸다.

해초들 가운데서 기다렸다.

언덕배기에서 기다렸다.

넘실대는 파도 속에서 그녀의 모습은 더 이상 보이지 않았다.

한두 시간이 지나면 걱정이 되었다. 내심 이렇게 생각했다. "아마 에마뉘엘은 건너편 만 바르바라 카생 식당에 아침 식사를 하러 갔을 거야." 걱정한들 부질없는 일이었다. 나는 다른 곳에 있었으니까. 나는 또다시 '이곳이 아닌 다른 곳'에 있었다. 이런 느낌은 내게 남은 유년기의 자폐적 특성이다. 갑자기 내가 자연 속으로 녹아든다. 여전히 앞으로 가고 있건만 걷는 동안에 영혼이 사라졌다. 어떤 위험도 아랑곳하지 않는 몽유병자처럼 걷는다. 저녁에 술에 취해 길을 잃듯이 나는 써나가는 글 속에서 길을 잃는다.

*

중요한 것은 예술이 아니다. 세상의 심부를 형성하는 힘의 포기, 심지어 생명보다 앞서는 충동의 포기이다.

바다는 생명에 앞서 존재한다.

*

  그녀가 올라왔고 불안도 올라왔다.

  산길이 가파르다. 우리는 신트라[1]의 산 정상으로 올라간다. 안개가 자옥하다. 숲으로 들어갈수록 점점 더 습해졌다. 봉우리를 에워싼 구름을 뚫고 들어갔다. 구름의 습기가 짓누른다.

  그녀가 한숨을 쉬었다. 이상한 날숨.

  그녀가 헐떡였다. 그것은 화산의 분출이다.

  에마뉘엘의 마음에서 강렬한 두려움이 상승한다.

  출생의 야릇한 배출구. 울음소리를 대체했던 야릇한 호흡곤란. 그것은 본래의 노여움, 급작스러운 표출, 돌파구, 분노의 불길, 빛이었다.

  심지어 언어에도 균열이 존재한다.

  심지어 자연에서도 모든 것이 말을 하고, 뚝뚝 소리를 내고, 울부짖고, 노래한다.

---

[1] 리스본 근교의 도시.

*

 분노의 놀라운 즉흥적 발현이 필연적으로—마법처럼—고쳐시키는 말들처럼, 그에 못지않은 상스러운 말들이 터져 나왔다.

*

 세상이 창조된 것은 3월이었다. 예수가 잉태된 것도 3월이었다. 3월은 신들이 지구상의 황금기 창조에 관여할 때 태양이 빛을 밝혔던 첫번째 달[2]이다. 에마뉘엘과 함께 벨렝의 탑에 갔던 때도 1997년 3월이었다.

 그 후에 M과 에마뉘엘 그리고 나, 이렇게 우리 셋은 자동차를 타고 가야 했다. 해안도로조차 아니었다. 바위들이 잇따르고, 바다를 내려다보는 경사면에는 콘크리트 덩어리들이 즐비했다. 우리는 말을 할 수 없었다. 세차게 부는 바람이 회오리치며 말들을 세상의 다른 끝으로 보내버렸기 때문이다. 그래서 엄청난 소란이 일었다. 아래쪽 바위들 위로 파도

---

 2) 고대 로마의 초기 달력(로물루스 달력)은 10개월로 구성되어 있고, 그중 3월(Martius)이 첫번째 달이었다.

가 돌진했다. 대서양을 곧바로 마주한 집들을 우회하지 않을 수 없었다. 파도가 콘크리트 절벽 아래에서 요란하게 부서졌다.

길도 없는 데다 어찌나 바람이 세차게 불던지 해안을 따라 걷기가 이만저만 어려운 일이 아니었다. 그럼에도, 거기서도, 그녀는 물속으로 뛰어들었다.

그것은 불가항력 같은 것이었다.

그녀는 물로 뛰어든 게 아니라, 경첩에서 튕겨져 나온 거였다.

어느 날의 기억이 떠오른다. 우리는 디나르[3]의 한 레스토랑에 있었다. 생테노가에서 디나르의 요트 항구까지 해안도로를 따라 온 참이었다. 난간 너머로 고넬 항구가 내려다보이는 레스토랑의 작은 발코니에서 도미를 먹었고, 아페리티프를 마셨다.

에마뉘엘이 자리에서 일어났다.

"저도 어쩔 수가 없어요. 가봐야겠네요. 화내지 않을 거죠?"

세르주가 어깨를 으쓱했다. M이 친구를 격려했다.

"어서 가! 가봐!"

---

[3] 프랑스 브르타뉴 지방의 도시.

그녀는 이미 트레이닝복을 벗고 있었다. 식당 주인에게 어디서 옷을 갈아입을지 물었다.

우리의 당혹한 시선을 받으며 당신은 요트항의 물속으로 뛰어들었다. 우리는 요트의 선체들 사이에 떠 있는 연료와 맥주상자들을 피해 요리조리 사행蛇行하는 당신의 모습을 지켜보았다. 당신은 흠뻑 젖어 돌아왔고, 당신 몫으로 남겨 둔 식어버린 도미 튀김을 먹었고, 입맛을 돋우는 소시지 조각을 먹었다.

*

오, 폭풍우의 시커먼 먹구름이 걷힌 후에 다시 나타나는 하늘보다 더 해맑은 푸른 눈이여!

*

그녀는 오랜 기간 권투선수였다. 훼손된 유년기의 후유증. 결국 그녀는 가격을 당하기보다는 오히려 되갚아주었다. 그리고 끊임없이 레스토랑에서, 기차에서, 수영장에서, 비행기에서, 섬의 부교까지 이어지는 페리호에서 나락에 빠진 어린 소녀이자 필사적인 권투선수인 그녀는 다시 배낭을 집어 들었다. 동그란 작은 거울을 꺼냈다. 그녀의 관심은 온통 상처 난 얼굴에 쏠려 있다. 하루에도 열 번은 얼굴에 신경을 쓴다. 머리칼의 컬을 매만지고, 콧등에 파우더를 바르고, 립스틱 뚜껑을 연다. 거울에 비친 자신을 바라본다. 한숨을 쉰다.

제13장

물

외젠 부댕[1]은 그림이 완성되었다고 느끼면 화폭에 날짜와 시간heure을 기재했다. 연도는 절대 기입하지 않았다. 가끔 바람의 방향이나 세기를 덧붙이기는 했다. 하지만 제작 연도만은 결코 기입하지 않았다. **연도 없이** 표기된 시간에는, 아무런 설명이 없는 경우보다 오히려 더 깊은 시간성—영속성을 부여하는 어떤 것—이 스며 있다. 외젠 부댕이 캔버스 하단에 신경 써서 기입한, 연도가 표기되지 않은—심지어 계절조차 표기되지 않은—시간의 언급으로 인해 그의 작품은 전기적傳記的이 아니라, 더욱 기상학적이며 비개인적인 황홀경

---

1) Eugène Boudin(1824~1898): 프랑스의 풍경화가. 보들레르가 바다와 관련된 그의 그림을 칭송했다.

이 되었고, 천지간의 영구불변한 무엇과는 정반대가 되었다. 예측 불허한 순간에, temps의 순수한 순간에. 즉 temps의 **잠정적**_temporaire_ 순간에 자연 자체에 의한 자연의 관조.

*

지구의 불가사의, 우선 표면에 파도를 일으키는 바다의 수수께끼, 그다음엔 심연의 바다에서 생겨나 산봉우리와 능선까지 올라오는 생명의 수수께끼, 끝으로 바다에서 솟구쳐 거대한 연무의 궁륭을 일으키는 화산의 용암에서 융성하는 자연의 수수께끼. 즉 개화하는 꽃들, 날아올라 구름 속을 떠도는 새들, 이동하고 잡아먹는 짐승들, 그것들을 잡아먹고 채취하고 전멸시키는 매우 작지만 무수히 많은 인간들. 수수께끼의 열쇠는 분실되었거나, 아마도 달에 의해, 양극의 편극 작용에 의해, 지구 중심의 불의 핵 주변으로 끌어당기는 중력에 의해 요동치는 몇 세제곱 미터의 물밑에서 오염되었을지도 모른다.

*

조수가 하루 두 차례 바위 주위에 네 번의 강력한 해류의 움직임을 형성한다. 네 박자를 유지해온 모든 형태의 생명체보다 더 오래된 네 박자 소나타. 강력한 한 시기가 쇠퇴하면 잇따라 솟아오르기 시작하는 또 하나의 강력한 시기. 이것이 형태의 형성에 리듬을 부여하는 최초의 공식이다.

*

 물밑에 은신해서 몸을 숨기는 비밀. 게들은 해초 아래, 돌멩이 아래, 홍합 더미 아래, 탈피脫皮하는 새우들 틈에 소리 없이 숨는다. 게들은 헤엄을 치고 있는데도 여전히 걷고 있는 것처럼 보인다. 해초는 정체되고 탁해지는 물속에서 풀어진다. 자유로워진 것 같고, 뿌리에서 떨어져 나와 도망치는 것 같다. 주름꽃게들이 슬며시 바위 그늘로 들어간다. 누가 그들처럼 병든 동물, 늙은 말미잘, 짭조름한 물, 미적지근한 햇살만 먹고 사는가?

*

 존재한 다음에 세상에 태어나므로, 출생은 언제나 도약보다 뒤처진다. 시작은 언제나 도약보다 늦어진다. 언어에서 현재시제가 가능하지 않은 이유는 언어를 습득해야 하기 때문이다. 태아는 말할 줄 모르고, *infans*[2]도 말할 줄 모르고, 시간temps은 몸 속에서 제 속도로 흘러가며, 때로는 우리가 그것의 낯선 **차원**에 이르기도 전에 죽는다. 평생 자기 몸의 시간성을 깨닫지 못한 채 살아온 사람들도 있다. 아무튼 행복은 제시간에à l'heure 찾아오는 법이 없다. 그것은 그것을 느끼는 영혼을 불현듯 **두 배로** 확장시킨다. 행복bonheur은 모든 속도를 추월하는 운heur을 지니고 있다. 행복은 불시에 찾아와 놀라게 한다.

*

분노여, 너 스스로 원인을 밝혀내라! 급류여, 돌진을 꾀하여 추력에 박차를 가하라.

노여움이여, 너의 욕망을 대체하되 욕망에 통합되어 사라질 대상을 찾아라.

---

[2] '말을 하지 못하는 어린애'를 뜻하는 라틴어. 대략 생후 18개월까지의 어린애를 가리킨다.

제14장

파비아[1]

 매우 하찮게 여겨지는 비둘기의 가장 긴 날개깃과 배의 보드라운 솜털에서 이따금 우리는 단연 숭고한 색채를 보게 된다. 끊임없이 떨리는 사시나무 잎들의 색채. 그것들은 바다의 해수면을 옮겨 다니며 푸른 색조를 반사하는 비의 장막과도 같다. 구름이 흩어진다. 모래톱에서 보게 되는 뜯겨진 기다란 해초 두루마리 안에 섞여 있는 돛대에서 뽑힌 밧줄.

 우리는 세상의 세속성에서 벗어나곤 했다.

 우리와 함께 사는 사람들이 칸으로, 니스로, 비아리츠로 떠나 거기서 가장 세속적인 세계와 합류할 때, 우리는 오솔길로 달려갔다.

---

[1] 이탈리아 북부의 도시.

*

에밀리 디킨슨이 1861년에 쓴 시구詩句이다. "Say-Sea-Take me!"[2)]

루소는 비엔의 호수에서 배를 타고 정처 없이 떠다녔다. 그것이 그날의 목표였다. 그는 젖은 노 옆에 누워 있었다. 거기서 행복에 겨워 눈물을 흘렸다.

*

1525년 초, 프랑수아 1세[3)]는 파비아를 공략했을 당시, 이탈리아의 풍경에 몰입되어 망아지경忘我之境에 빠졌다.

그는 풍경 안으로 사라졌을 뿐 아니라 변모되었다. 자신이 무엇을 하는지 더 이상 알지 못했다. 읽고, 관조하고, 꿈꾸었다. 그가 루아르 지역과 숲속에 파묻힌 고성古城들을 구상하게 된 것은 꿈에서였다. 이 천재 왕에게는 자신이 경탄했던

---

2) 「나의 강은 그대에게 달려간다 My river runs to thee」라는 시의 마지막 시구.
3) François 1ᵉʳ(1494~1547): 프랑스의 국왕. 1525년 파비아 전투에서 패해 생포되었다가 1526년에 풀려났다. 그는 인상적인 건축자로 건축물의 개보수(블루아성, 루브르성 등) 및 건축(샹보르성)에 막대한 재정적 지원을 아끼지 않았다. 특히 퐁텐블로성의 재건축과 확장은 그의 큰 업적이다.

것을 건설할 만한 재능이 있었다.

제15장

비산술非算術

프랑스어 표현 "Va voir ailleurs si j'y suis!(다른 곳에 가서 내가 있는지 봐라!)"[1]는 일본어로 "一昨日來て!(그저께 와라!)"[2]라는 어구에 해당한다.

프랑스어가 비시태achronie[3]를 공간에 기입하는 곳에서 일본어는 유토피아를 시간에 위치시킨다.

---

1) 괄호 안은 축자적 번역이고, 실제로는 '일 없으니 너는 저리 가라/네가 참견할 일이 아니다!'라는 의미이다.
2) 그저께 올 수는 없으므로 아예 오지 말라는 의미가 담긴 표현.
3) 언어학 용어 공시태synchronie와 통시태diachronie의 연장선상에서 achronie를 비시태非時態로 옮긴다.

*

"존재의 시간 리듬은 어떤 것인가?"

티레니아해 앞에서 베수비오산이 답한다.

"79, 1139, 1631, 1944,[4] 이것이 존재의 시간 리듬이네."

나폴리는 점점 더 악화되는 시대의 경사면에 구축되었다.

프랑수아 노메,[5] 이것은 원래 '명명된' 이름보다 훨씬 더 아름다운 이름, 즉 '데지데리오'라는 특이한 이름으로 역사에 기록된 보주[6] 출신 화가의 본명이다. 데지데리오의 작품은 사실 예측 불가능한 것으로, 엘스하이머[7]의 작품이나 카라바조[8]의 작품, 혹은 **공포**를 표방하는 오라스 베르네[9]의 작품보다 더욱 기이하다. 그는 1631년 베수비오 화산의 분출을 목격했고, 평생 그 장면에 시달렸다.

---

4) 베수비오산의 화산 폭발이 일어났던 연도.
5) François Nomé(1593~1644 이후): 바로크 시대의 프랑스 화가로 주로 나폴리에서 활동했다.
6) 프랑스 그랑테스트 지역의 주. 역사적으로 로렌 지방에 속한다.
7) Adam Elsheimer(1578~1610): 바로크 회화에 큰 영향을 끼친 독일 화가로 로마에서 활동했다.
8) Michelangelo Merisi da Caravaggio(1571~1610): 이탈리아의 화가.
9) Émile Jean Horace Vernet(1789~1863): 프랑스의 화가. 혁명이 한창인 시기를 살면서 주로 전투 장면들을 그렸다.

그의 작품을 어떻게 정의할 것인가? 그의 작품은 불타는 폐허이다. 그는 오로지 재앙만을 그렸다. 그리고 해안에 성 아우구스티누스[10]와 그의 주교관의 윤곽을 그려 넣었다. 지금까지 남은 자취—작품들 외에—는 하나뿐인데, 나폴리에서 그에 관해 기록된 유일한 흔적이다. 『도시에 체류하는 화가들의 역할』에 나오는 반쯤 프랑스어를 섞어 쓴 간단한 언급이다. "Monsù Desiderio pittore exerçoit à Naples l'année venuë 1640(몬수[11] 데지데리오 화가는 1640년 나폴리에서 작업했다)."

그는 바다로 무너져 내리는 항구를 그림으로써 화산에 가닿는다.

데지데리오에 관한 소문에 따르면 1년에 10~15개의 폐허가 그의 작업실에서 나온다는 것이었다.

끊임없이 솟아오르는 하나의 폐허.

분출하는 그 **폐허**, 그것이 내가 1640년이라 일컫는 바이다.

---

10) Sanctus Aurelius Augustinus Hipponensis(354~430): 히포의 주교로 기독교 신학자이자 철학자. 『고백록』의 저자.
11) Monsù는 프랑스어 monsieur의 변형으로 나폴리 역사가들이 외국 출신 화가에게 붙였던 용어이다.

*

책은 불현듯 독자를 만난다. 사실이다. 그리고 특히 이 세상 존재들의 비시태적 신비가 자리 잡게 되는 것도 그렇기 때문일 것이다.

음악 작품은 시간temps의 어느 순간에도 갑작스러운 청취가 가능하다. 바흐와 멘델스존. 바흐 안의 프로베르거.[12] 메시앙[13] 안의 새. 수 세기가 흐르고 천체의 폭발로 인해 우주에서의 움직임이 가속화됨에 따라 비시태가 동기화되는가? 아니다. 태양이 늙어감에 따라 점점 더 탈脫동기화되는가? 역시 아니다. 그렇지만 책과 독자는 갑작스럽게 묵묵히 맞물린다. 텔레마코스[14]는 바닷물에 손을 담그며 아버지의 이름을 속삭인다―우리는 눈물을 흘리게 된다―이 시행詩行이 읊어진 지 2,900년 후에도.

---

12) Johann Jakob Froberger(1616~1667): 독일의 바로크 작곡가이자 건반악기 연주의 대가.
13) Olivier Messiaen(1908~1992): 프랑스의 작곡가이며 오르가니스트. 새소리를 음악과 접목시킨 것으로 유명하다.
14) 그리스 신화에 나오는 인물로 오디세우스와 페넬로페의 아들이다.

*

  텔레마코스는 아버지가 조난당한 바닷물을 만짐으로써 아버지와 접촉한다.
  여기서 다시금, 모든 것이 잠기고, 모든 것이 무너진다. 바닷물에 집어넣은 두 손처럼. 아버지 안의 자식처럼, 파도 속의 아버지처럼.

*

  사랑에서 일어나는 주체의 해체.
  정신분석에서 일어나는 주체의 해체.
  노년기에 일어나는 주체의 해체.
  음악 청취에서 일어나는 주체의 해체.
  풍경 관조에서 일어나는 주체의 해체.
  철학 서적이나 **역사** 연대기의 독서보다 소설 독서에서 일어나는 주체의 해체.

*

  또한 우정에서 일어나는 주체의 해체가 있는데, 그 대상이

반드시 지인일 필요는 없다.

말하자면 끝없이 이어진 우리의 질주 속에서 줄곧 함께했던 그 여인을, 내가 알지 못했을 수 있다.

우리의 침묵, 공모, 부끄러움, 경이로운 유대는 안면의 유무와 하등 관련이 없었다.

*

완전히 기상氣像의 리듬에 따라 살아가는 여자는 드물다.

휴대폰이 만들어내는 박동하는 계량 시간temps에 인질로 잡히지 않은 남자도 드물다.

전적으로 예속의 미래를 지향하는 삶, 유성생식의 시간 소모적 결과에 구속받는 삶, 혹은 불행과 불행의 가혹한 지배와의 공모를 유지하는 탓에 단순히 경직된 삶, 이런 것이 아닌 삶을 영위하는 인간은 드물다.

기억과 기념물과 노예 신분마저 완전히 떨쳐 버리고 이집트를 떠나 파라오의 지배에서 완전히 벗어난 사람은 드물다.

성당의 카리용 소리에 완전히 무심하거나, 시내 중심가나 시청 광장 혹은 시립극장의 박공에 달린 대형시계를 전혀 참조하지 않는 사람은 드물다.

심장을 과격하게 뛰게 하며 뇌를 꼬집는 자명종 시계의 울림을 그냥 내버려두는 사람은 드물다.

   자기 집 현관문의 초인종 전원을 차단하는 사람은 드물다.

*

   정신 질환자들, 멜랑콜리한 자들, 자폐인들,
   아주 어린아이,
   자신의 예술에 몰입된 예술가,
   동굴 입구에 가부좌를 틀고 앉은 은자,
   우울에 침잠한 경이로운 자들,
   이런 사람들은 매우 드물다.

제16장

성녀 테레사[1]

그녀는 존재하지 않았던 열흘 중 어느 날 죽었다.

존재하지 않았던 열흘이 성녀 테레사의 황홀경의 신비를 이룬다. 그녀는 로마령의 소도시 아빌라 출신이었다. 행복에 도취되어 뒤로 쓰러진 모습. 베르니니[2]의 조각상.

1582년 10월 4일에서 갑자기 1582년 10월 15일로 넘어가는 단 한 번의 유일무이한 밤에, **시간 계산**이 율리우스력[3]에

---

[1] Sainte Thérèse(1515~1582): (에스파냐) '아빌라의 테레사'라고도 불린다. 기독교 신비가로 수도원 개혁에 전념했다.
[2] Gian Lorenzo Bernini(1598~1680): 17세기 이탈리아의 바로크 조각가이자 건축가.
[3] 고대 로마의 율리우스 카이사르가 기원전 46년에 제정해 기원전 45년부터 시행한 양력 역법. 천체 운행과 불일치한 계산법으로 인해 오차가 생긴다.

서 그레고리력[4]으로 바뀌는 이 야릇한 밤에 그녀는 실신하여 뒤로 쓰러진다. 영원히 일어나지 못하고 죽는다.

*

시간temps의 연대기에 몇 년은 공백으로 남겨 두어야 한다. 숲속에, 들판의 철조망을 따라, 언덕의 비탈에, 절벽의 고원에 손대지 않은 공간을 남겨 두어야 한다. 연안에 남겨 두는 만큼의 모래톱grève[5]을 업무에도 남겨 둘 필요가 있다. 물결과 오솔길, 그물들, 보트들 사이에도 모래땅은 있어야 한다. 스피노자에게 *rarus*라는 단어는 포화飽和와 반대되는 개념이다. *rara laetitia*(흔치 않은 기쁨). *Sed omnia praeclara tam difficilia quam rara sunt*(빛나는 모든 것, 빛을 받을 가치가 있는 모든 것은 희귀한 만큼 까다롭기 때문이다). 『에티카』[6]의 말미에 나오는 extasiement[7] — *ekstasis*,[8] 황홀경으로 이동 — 은 일

---

[4] 교황 그레고리오 13세가 율리우스력을 개정하여 1582년부터 시행한 역법. 현재 세계적으로 통용되는 태양력이다.
[5] 이 단어에는 이중적 울림('모래톱'/'파업')이 있다.
[6] 스피노자의 주요 저서로 원제는 『기하학 질서에 따른 윤리학』(1677).
[7] 키냐르의 신조어. 'extase' 자체보다 'extase에 도달(획득)'하여 '탈脫시간'을 이루기의 의미로 짐작된다.
[8] '황홀경'을 뜻하는 고대 그리스어.

단 일종의 오로라에, 빛의 다채로운 광선에 결합된 용어이다. 이것이 뒤섞일 수 없는, 매개 없는, 독특한, 거의 원초적 순간의 기쁨을 추구하는 기이한 확대경 제작자의 작업을 이끌어 간다. 작품에서 그 자체의 과잉, 채움을 제거하기, 그것이 뒤러[9]의 천재성이었다. 데생에서 손을 떼기, 그 순간이 예술의 관건이라고 아펠레스[10]는 말했다. 언어에서 삶을 떼어내기, 완결된 상징에서 경험을 도려내기. 요설饒舌에서, 감언이설에서, 끝없이 순환하는 음성과 계율에서, 패거리에서, 말씀 *verbum*에서, 꽉 채움에서 존재를 빼내기. 경작을 마치면 우리는 사막을, 나무숲을, 잡목림을, 덤불을, 엉겅퀴 무리를, 백사장을, 해변이나 야생 호수를 떠나야 한다. 우리는 포그롬[11]에서 벗어나야 한다. 우리는 혼자 혹은 기껏해야 둘이 고산준령을 올라가야만 한다. 최초의 인간과 최초의 식물이 누리던 오래된 고독을 쟁취하기 위해, 그들이 선호하던 장과漿果나 애착하던 환각버섯을 얻기 위해, 빙하가 물러간 후의 자연이나 물이 빠진 자갈밭에서 반짝임으로 그들의 손을 유혹하던 부서진 규석 덩어리 사이에서 솟아난 여전히 원초적 상태의 어린 소관목을 얻기 위해.

9) Albrecht Dürer(1471~1528): 독일의 화가, 판화가, 조각가이다.
10) Apelles: 기원전 4세기 중반에 활동한 고대 그리스의 화가.
11) (권력이 눈감아주는) 유대인 박해.

*

 그런데 가장 호젓한 장소는 어디인가? 가장 행복한 장소는 어디인가? 세상의 감시망에서 최대한 벗어난 곳은 어디인가? 전혀 보호받지 못하더라도 자유로운 곳은? 폭력의 중심에 놓인 태풍의 눈은 어디인가? 편히 숨을 곳은 어디인가?
 가장 부유한 사람들이 웬일로 공간을 버려두면, 은자들이 그리로 돌아와 조용히 소요한다. 여름 한 철 부자 동네의 길들이 그렇다.
 이탈리아의 어느 작은 도시에나 있는 몹시 서늘하고 한산한 에트루리아 박물관이 그렇다.
 이제는 미사를 집전하지 않아 비어 있는 딱딱한 신도석이 어둠에 잠겨 있는 마을의 교회들이 그렇다.
 사람들이 모두 떠나 더 이상 망자를 위한 기도가 없는 묘지들이 그렇다.
 철책 너머로 측백나무와 밀짚 햇빛 가리개가 보이는 교외의 초라한 공원들이 그렇다. 촛대도, 축제 전야도, 행렬도, 노래도 없으므로, 신들보다 더 황당한 형국이다.
 마지막으로 모든 새벽이, 항구의 축축한 포도鋪道가, 최초의 흰빛에 잠겨 비늘이 깔려 미끌거리는 부두가 그렇다. 그리고 바다로 내려가는, 쓰레기가 널려 황폐하지만 인적이 없어 조용한 골목길이 그렇다.

*

'sol-ennel'[12]이라는 단어는 'année(한 해)'의 내부에서 'seul(유일한)' 날을 정의한다.

테렌티우스 바로[13]는 "이 단어 안에서 *solus*(오직 하나의)와 *annus*(한 해)는 서로 섞여 서로를 기념한다"라고 말했다. *anniversaire*(**기념일**)의 창안이다.

하드리아누스 황제[14]는 1년에 단 하루, 옛 예루살렘의 함락을 기념하는 날 하루 동안 유대인들이 그들의 옛 왕국 수도에 접근할 수 있게 허용했다.

그는 **제국**의 시민이 고대 히브리어 명칭인 '*Hierusalem*(예루살렘)'을 입에 올리면 사형에 처하겠다고 포고했다.

이후 이 도시는 '*Aelia Capitolina*(아엘리아 카피톨리나)'[15]라고 명명되었다.

---

12) '엄숙한, 공식적인'의 의미이다.
13) Marcus Terentius Varro(B.C. 116~B.C. 27): 고대 로마의 철학자·문학가.
14) Publius Aelius Hadrianus(76~138): 로마 제국의 4대 황제(재위 117~138).
15) 135년 하드리아누스 황제가 예루살렘의 폐허에 건설한 도시. 티투스 휘하의 로마군에 의해 70년에 파괴되었다.

제국에 의해 굴욕과 방랑에 처해진 유대인들은, 총독이 정하는 탓에 유동적인 오직 이 하루 동안은, 즉 이날의 태양 행로에서 단지 빛이 있는 동안만, 그들의 고통과 절망의 증폭을 감싸는 대가로 매년 더 많은 금액을 지불하는 조건으로, 예전에 그들의 조상이 세운 성전에서 떨어진 돌들 위에 와서 울 수 있게 허용되었을 것이다.

그들은 파괴된 성벽의 돌을 만졌을 것이다.

그곳에 돋아난 이끼며 작은 고사리들을 만졌을 것이다.

마지막 햇빛에 드리워진 그림자 위로 아엘리아 카피톨리나의 문이 닫혔을 것이다.

그러면 독실한 그들은 어둠으로, 시골로, 기슭으로, 바다로 돌아왔을 것이다.

혹은 그들 짐 속의 책으로 변한 경이로운 '비非사원'에 다시 끼워 넣어졌을 것이다.

*

모세는 네게브 사막[16]에서 이렇게 말했다. "안식일은 아담에게 허용된 **천국**의 한 조각으로 첫날의 과오로 추방당한 그

---

16) 이스라엘 남부의 사막.

의 후손을 위로하고자 제공된 것이로다."

안식일은 시간temps의 조커인 날이다.

일요일,

시간 안에서의 놀라운 발명품,

그날을 통해, 과거의 심연이 공간 속에 **머물고**,

빛의 외피 속에서,

그 빛은 수수께끼처럼 **뒤집혀**

어두운 기원의 바닥으로 스며든다.

이렇듯 **자연**은 인간에 앞선다.

자연은 아마도 시간이 빚어낸 가장 아름다운 형상일지 모른다.

언어보다 더 깊고, **존재**보다 더 광대한.

제17장

기원 회귀의 거장[1]

중국 명나라[2] 말기에──1644년이었다── 폭정, 무능한 정권에 대한 반감, 문인들에 대한 혐오, 고발, 공권력, 공포가 극에 달했다. 도처에서 이런 말이 돌았다. "명나라는 끝났어."

명나라 말기에 '**기원 회귀의 거장**'이 나타났다.

그의 이름은 홍응명[3]이었다. 환초도인還初道人이라고도 불렸다. 쓰촨성[4] 출신으로 왕도곤[5]의 제자였다. 왕도곤이 죽자

---

1) 홍응명의 호인 환초도인還初道人을 풀어 쓴 것으로 짐작된다.
2) 1368년 주원장이 세운 왕조로 1644년 청나라에 의해 멸망했다.
3) 洪應明(1593~1665) : 명나라 만력제 연간의 문인. 한국에서는 자성自誠이라는 자字로 불린다.
4) 홍응명은 쓰촨성이 아니라 스승 왕도곤과 마찬가지로 안휘성 휘주 흡현 출

1606년 홍응명은 『채근담』[6]을 집필하기 시작했다. '채근담'의 세계를 극도로 단순화시키면 '풀뿌리에 대한 이야기'라고 풀이할 수 있다. 혹은 '격리의 시기에 적합한 풀뿌리의 활용법'이라거나, 혹은 '**역사**의 한가운데서 원천을 조리하는 방법'이다. 홍응명의 말은 정확히 이러하다. "은둔을 결심하고 스승마저 잃은 고아인 내가, 마치 어머니 품에 안기듯 기원에 안착할 길은 무엇인가?"

*

1644년 홍응명의 책은 칸餐[7]에 관한 최초의 대전大典이다.

1652년 1월 4일 새벽, 비범한 자클린 파스칼[8]——프랑스의 에밀리 브론테——은 보부르 거리에서 영원히 도주한다. 그녀

신으로 전해진다.
5) 汪道昆(?~?): 명나라의 고위 관료이며 문단의 맹주였던 문인.
6) 『채근담菜根譚』은 처세와 수신의 고전으로 '풀뿌리를 씹는 이야기'라고 할 수 있다. 극한의 처지에서도 포기하지 않고 견디는 마음가짐으로 세상을 살아가라는 것이 이 책의 주제이자 제목이다.
7) 식사, 끼니라는 의미의 중국어.
8) Jacqueline Pascal(1625~1661): 블레즈 파스칼의 누이동생으로 시토회 수녀. 여성이 개인적 직업을 추구할 권리와 특정 교회의 판결에 반대할 수 있는 여성의 권리를 옹호했다.

는 자신의 사륜마차에 올라탄다. 포르루아얄데샹[9] 방향으로 달려간다.

1664년 프랑스의 감옥에서 탈출한 생테브르몽[10]은 트롤선을 타고 디에프의 파도를 가르며 프랑스를 떠나 다시는 돌아오지 않는다.

같은 시기에 자크 에스프리[11]는 『인간 덕성의 허위성 La fausseté des vertus humaines』을 집필하기 시작해 1673년 푸아티에에서 탈고했다.

아비뇽 다리가 갑자기 론강으로 무너져 내린 것은 1669년이었다.

*

울적한 시간에 슬픔을 보태 권태로운 시간으로 만들면 안 된다. 그리고 아마도—혹시 미신을 믿는다면— 기다림을

---

9) Port-Royal des Champs: 과거 장세니슴 종교 운동의 본산지인 수도원이 있는 파리 교외 지역.
10) Charles de Saint-Évremond(1613~1703): 프랑스의 군인, 수필가, 문학평론가이다.
11) Jacques Esprit(1611~1677): 프랑스의 도덕가이자 작가. 신부로 서품되지 않았으나 에스프리 신부라고도 불린다.

보태 요지부동의 시간으로 만들어서도 안 된다. 하프시코드로, 피아노로, 바이올린으로, 비올라로, 샤미센[12]으로, 첼로로 무슨 곡이라도 연주해야 한다. 정원으로 나가 살랑거리는 관목들이나 해 질 녘 오므라드는 꽃잎들에 물을 주고, 더위가 한창일 때 뒤집어쓴 먼지를 없애주어야 한다. 책을 한 권 번역하거나, 바탕천에 자신이 고른 도안을 연필로 그려넣고 욕망의 꿈을 수놓아야 한다. 악보를 집어 들고, 그것을 하얗게 지우고, 침묵으로 채우고, 아름답게 꾸미고, 운지運指로 연주해야 한다. 허기진 우리에게──낮에 꿈꾸던 음식이 밤에 꿈속에서 제공되는 것과 꼭 마찬가지로── 마실 것을 주던 아주 길고 부드러운 젖가슴에서 우리가 영양을 취하던 시기 이후로, 유감스럽게도 우리가 느끼게 된 불행한 감정을 떨쳐낼 온갖 구실을 찾아내는 게 바람직하다. 비록 울적할지라도 후회 없는 시간은 환영이다.

*

비시태적 인물인 바흐는 평생(1717년부터였다)을 푸가에 바쳤다. 버려진 형식을 선택했던 것이다.

---

[12] 일본의 전통 현악기.

두 세기 전부터 실효성을 잃은 형식. 더 이상 성공을 담보할 수 없는 형식. 둔주곡 형식은 불과 한 세기 전으로 거슬러 올라간다. 7월과 8월 파리에서 발생한 화재 폭동으로 거슬러 올라간다. 블랑슈로슈[13]가 사망한 때이다.

블레즈 파스칼이 1652년 10월 처음으로 들었던 형식.

18세기에 가장 혁신적인 음악가들은 구식으로 여겨 작곡에 사용하지 않았던 형식.

비발디도, 라모도, 헨델도 푸가는 단 한 편도 쓰지 않았다. 모차르트도, 쇼팽도, 포레도.

*

1652년 7월 4일 파리 포르트생탕투안에서 발생한 **화재**[14]로 실명을 경험한 다음에 라로슈푸코[15]가 집필한 매우 독창적이고, 고통스럽고, 음울하고, 열정적이고, 독특한 단장들로 이

---

13) Monsieur Blancheroche(1605~1652): 본명은 샤를 플뢰리Charles Fleury지만 주로 블랑크로셰Blancrocher 혹은 블랑슈로슈Blancheroche로 알려져 있다. 당시 최고의 류트 연주자 중 하나로 꼽힌다. 그의 죽음을 기리기 위해 주요 작곡가 네 명이 추모곡을 썼다.
14) 제2차 프롱드의 난(1650~1653)의 일환.
15) François de La Rochefoucauld(1613~1680): 프랑스의 공작이며 모럴리스트 작가. 주요 저서로『잠언과 성찰』이 있다.

루어진 책에서 배어나오는 강렬한 슬픔은, 쇼팽이 거센 풍랑이 이는 바다로 에워싸인 마요르카섬[16]에서 폭풍우가 몰아칠 때 조르주 상드와 그녀의 두 아이 곁에서 그야말로 불현듯 작곡하게 된 전주곡[17]이 기보된 노트에서 솟구치는 비통함에 견줄 만하다. 쇼팽은 비를 맞으며 걷는다. 또다시 피를 토한다. 그런 다음에 심정의 기이한 '요약'과도 같은 곡을 써낸다. 그것은 순수한 야성과 엄청난 긍지의 갑작스러운 반전, 노스탤지어의 충격과 동시에 느껴지는 설명할 수 없는 절대적 분노이다.

두 사람 모두, 잘게 나눔으로써, 작품을 만들어낸다. 죽음이 매 시간 그들을 바싹 뒤쫓는다. 삶에서 그들—두 사람 모두—이 미친 듯이 사랑했던 두 여인이 늘 그들 곁에 붙어 있던 것보다 훨씬 더 집요하게 뒤따른다. 어쩌면 그것이, 그들이 느끼는 고통 속에서 생겨난, 접근할 수 없지만 경이로운 방향으로 전개되며 예측할 수 없는 흐름을 따라가는 어떤 불가해한 영역일지도 모른다.

---

16) 지중해 발레아레스제도에 있는 에스파냐에서 가장 큰 섬.
17) op. 28(F#장조) 「빗방울(Raindrop)」(1836) 전주곡 15번.

*

    1882년 7월 취리히에서 72세의 리스트는 포레가 방금 작곡한「발라드」를 연주하기 시작한다. 포레는 깜짝 놀란다.

    포레는 리마트[18] 강변에서, 수문水門에서 감동으로 전율했다.

    1914~18년 전쟁 직후에 포레의 작품은 느닷없는 격정과 고통, 사랑과 아름다움에 사무쳐 있었다.

---

18) 스위스 취리히 부근을 흐르는 강. 취리히 남쪽의 호수 출구에서 시작된다.

제18장

쥐미에주[1]의 폐허

그녀는 가교架橋로 올라간다. 그는 배로 뛰어내린다. 모든 게 모험이다. 오직 출발이 있을 뿐이다. 심지어 종말에도 출발만 있다. 삶에도, 죽음에도 출발뿐이다.

그녀는 보부르 거리의 포도에서 사륜 포장마차에 올라탄다. 아직 동이 트기도 전이다.

*

1450년 1월과 2월, 샤를 7세[2]는 쥐미에주의 메닐수쥐미에

---

1) 프랑스 노르망디 지방의 도시. 베네딕토회 수도원이 있다.
2) Charles VII(1403~1461): 프랑스 발루아 왕가의 다섯번째 왕. 잔다르크의 도움으로 백년전쟁을 승리로 이끌었다.

주성에서 해산을 기다리며 느긋하게 벽난로 앞에 자리 잡은 아녜스 소렐[3]의 곁에 있다. 그녀는 그곳에서 해산을 하다가 죽는다. 숨이 끊어지기 바로 직전에 800에퀴[4]의 금화를 수도원에 유증한다. 그러고 나서 자신의 기도서를 가져다달라고 요청한다. 그녀는 '지옥의 영벌을 피하기 위한 성 베르나르두스[5]의 7행 기도'를 읽을 시간을 가졌고, 곧이어 '1449년(당시에는 부활절부터 부활절까지가 한 해이므로 실제로는 전년도) 2월 11일 월요일 오후 6시경에 갑자기 몹시 날카로운 비명을' 질렀다. 수도원의 폐허에 있던 '아름다운 부인'의 횡와상橫臥像은 **혁명** 때 도난당했다. 무덤은 푸른 엉겅퀴 덤불에 묻혀 사라지고 시커먼 평석만 남아 있다.

*

라로슈푸코 공작과 드 롱그빌 공작 부인[6]이 불륜관계를 이

---

3) Agnès Sorel(1422~1450): 샤를 7세가 사랑했던 여인으로 공식적으로 왕실의 정부로 인정받은 최초의 여인. '아름다운 부인Dame de beauté'이라는 별칭으로 알려져 있다.
4) 중세 프랑스의 화폐 단위. 금화 1에퀴는 (금 기준 가치로) 약 290유로이다.
5) Bernardus Claraevallensis(1090~1153): 프랑스의 수도사이자 신비주의 신학자.

어갈 때, 그들은 트리스탄과 이졸데의 흰 돛과 검은 돛처럼 기도서의 다양한 색깔을 이용해 연락을 취했다.

    멀리 흰 돛이 보이는데 그녀[7]가 '검은 돛'이라고 말해서 트리스탄은 죽는다. 이졸데는 언덕을 올라, 탑의 계단을 오르고, 침대로 올라가 시신 옆에 누워 목숨을 끊는다.

    라로슈푸코 공작이 기술한 바에 따르면, "강물이 흘러 바닷속으로 사라지듯" 영혼은 사랑 속으로 사라진다. 그 자신은, 샤랑통생모리스[8]에서, 강물 위로 늘어진 단풍나무와 느릅나무 아래에서 거의 죽을 뻔한다. 그곳은, 그가 『곶langue de terre』에 썼듯이, 마른강과 센강이 합류하는 지점이다.

    그의 열정은 위대한 열정에 대한 열정이었다. 미미한 사랑은 상대가 부재하면 감소된다. 지극히 위대한 사랑은 그로 인해 증가되고 더욱 자극을 받는다. '마치 바람이 불어 촛불이 꺼지며 불이 붙는 것과 마찬가지이다.' 어떤 주머니도 고통을 담거나 억제하지 않는다. 주머니는 끊임없이 다시 열

---

6) Anne-Geneviève de Bourbon-Condé(1619~1679): 프랑스 왕족으로 미모와 사랑, 프롱드의 난에서의 영향력, 장세니슴으로의 개종으로 기억된다.
7) 트리스탄의 아내 '흰 손의 이졸데'이다. 흰 돛은 남편의 연인 '금발의 이졸데'가 탔음을 알리는 표시이다. 검은 돛이라는 거짓말에 트리스탄은 절망하여 죽고, 잠시 후 도착한 금발의 이졸데도 그를 따라 죽는다.
8) 파리 남동쪽 교외의 마을.

린다. 단지 출발이 있을 뿐이다. 표출이 있을 뿐이다. 까맣게 익어 움켜쥐려고 하면 터지는 가을 무화과처럼. 갑자기 갈라져 이빨을 흥건하게 적시는 사향 포도 알처럼.

*

라로슈푸코의 '곶'에 관한 504개의 단장이 남아 있다.
사모스섬이 마주 보이는 에게 해변의 에페수스 성소에는 헤라클레이토스의 107개의 격언이 남아 있다.

*

"유년기는 삶의 모든 시기에 우리를 따라다닌다." 1660년에 쓰인 공작의 원래 필사본은 이 마법 같은 문장으로 시작된다.

제19장

사라진 집

 모든 집의 뒤에는 사라진 집이 있다.

 아시리아 제국의 소멸은 아주 빠르게 진행되었다. 크세노폰[1]은 자신의 군대에게 제국의 옛 중심지 기슭에 단계적으로 말들을 풀어놓게 했고, 그들로 하여금 이제 이름조차 사라진 대도시의 폐허를 매일 몇 주간 계속해서 조사하도록 했다. 하지만 도처가 허물어진 폐허뿐으로 더 이상 지명조차 남아 있지 않았다.

 마모와 황폐로 인한 파도이며, 사구를 휩쓸면서 모래 속에서 끌어내기도 파묻기도 하는 바람이 들어 올린 모래로 이루

---

[1] Xenophon(B.C. 430?~B.C. 354?): 고대 그리스의 철학자, 군인, 역사가. 소크라테스의 제자로 플라톤과 동문수학했다.

어진 무정형의 파도, 그것은 아주 기이하게도 **이름 붙일 수 없는** 파도이다.

크세노폰은 침식된 세계에서 여전히 땅을 일구는 농부들에게 물었다. 그리스 군대가 오는 것을 보고 갑자기 다가와 구걸하는 가난한 사람들에게 질문했다. 하지만 아무도 그가 가리키는 폐허의 옛 명칭을 알려주지 못했다. 여기. 저기. 손가락으로 가리키는 곳의 이름을. 저기, 손으로 가리키는 곳의 지명을. 거기, 간절한 마음과 기도를 담아 두 팔로 가리키는 곳의 지명을.

게다가 언어마저도 지각 세계의 폐허로 변해 그토록 기름진 지역에 시간이 퇴적하여 이룬 도시들의 기억을 저버렸다. 사막이 되어버린 함락된 도시들은, 하늘에서 빛나는 무수한 별들 아래에서 크세노폰 일행의 말발굽 아래 마구잡이로 짓밟혔다.

신기하게도 어느 날 명칭과 시간과 의미가 그들에게 돌아왔다. 그로부터 200년 전에 부서진 점토 벽돌의 텔[2]은 이제 수천 년 전에 파괴된 도시가 아니었다.

점토 벽돌은 책이 되었다.

---

2) 고대의 유구遺構가 누적되어 이루어진 인공의 작은 언덕.

*

과거는 매우 불안정하다.

과거가 미래에 어떤 영향을 미칠지 누가 알겠는가?

세상이 시작된 그 근원에서 우리를 기다리는 것에 대해 우리는 전혀 알지 못한다.

시간은 어둠의 불균일한 지속이 기원의 심부에 무엇을 축적했는지 알지 못한다.

*

더 이상 모래에 파묻힌 돌들이 아니었다.

더 이상 햇빛에 건조되는 취약한 점토가 풍화되면서 쌓인 침묵이 아니었다.

발길에 짓밟히고, 말발굽에 으깨진 이 벽돌들은 작은 설형문자들이 새겨진 수천 개의 서판이었다. 그 위로 소리〔音〕가 돌아와 내려앉았다. 나비가 꽃에 날아와 앉듯이. 혹은 새가 부리로 흙덩이를 부수어 유충, 구더기, 번데기, 무당벌레, 파리, 애벌레를 찾아내듯이.

그러자 무너진 모든 바벨탑이 시간의 신기루 속에서 다시 우뚝 일어섰다.

*

그런 다음 시간의 **피** 속에서 어느 날 모든 이름과 문자, 책과 언어가 모조리 해독되고 복원되었다.

우르[3]에 있는 길가메시.[4]

염습지의 오아시스에 있는 엔키두.[5]

모든 게 다시 학자의, 금석학자의, 고고학자의, 역사학자의, 여행 가이드의 입에 **오르내리게** 되었다. 모든 것이 명명되었다. 명명된 모든 것의 시기가 밝혀졌다. 모든 것이 범람하듯 귀환했다. 예측 불가능한 홍수처럼 잇달아 돌아와 토대를 이루었다.

횡설수설과 방황이 이어지는 가운데 한 편의 이야기로 복귀했다.

행복bonheur에 행운heur으로 귀환했다.

---

3) 고대 메소포타미아의 수메르 도시국가.
4) Gilgamesh: 고대 메소포타미아 수메르 왕조 초기 우루크 제1왕조의 전설적인 왕. 그의 무훈담 '길가메시 서사시'가 기원전 2000년대 점토판에 기록되어 있다.
5) 길가메시 서사시에 길가메시의 친구로 등장하는 인물. 여신 아루루가 길가메시를 벌하려고 점토로 빚어 만든 힘센 야만인이다.

*

그리하여 크세노폰의 질문에 2,400년이 지나서야 답이 주어졌다. 그리하여 인간이 사용한 화덕―우리가 나중에 항구와 도시라 명명했던 인간의 보금자리―의 시초는 20세기 중반 북유럽의 평원에서 치명적 공포 속에서 비명 소리 하나 없이 갑자기 타올랐다. 불모의 계절들. *Nox sine nomine*(이름 없는 밤). 이름이 없어 결코 불리지 않는 밤. 결코 이야기되지 않는 밤.

제20장

사제관 길

 창유리 너머로, 날은 밝지 않았지만, 거의 다 보일 만큼 푸르스름하게 동이 텄다.
 누군가 달리는 모습이 보인다.
 희미한 안개에 잠긴 해변과 바다.
 섬들은 보이지 않는다.

*

 나는 그녀가 행복했던 장소로 돌아오는 데 기쁨을 느낀다. 사제관 담장을 따라 걷는다. 도로가 갈라지는 지점에 병들을 버리는 수거함이 놓인 장소가 있다. 바로 옆에는 메기들이 득실거리는 웅덩이가 있다. 땅콩이나 아몬드가 눅눅해지지 않도록 봉지를 조여주는 밀봉용 집게가 보인다. 입구에 놓인 양동이에서 전지가위를 꺼낸다. 그녀가 좋아하던 포도나무를 손질하기 위해서다. 포도송이를 따서 주방 식탁에 놓인 샐러드 그릇에 놓을 것이다. 잘 익은 무화과는 살살 따야 한다. 담벼락에 바싹 붙은 배나무는 비를 맞지 않는다. 물뿌리개가 어디 있지? 그녀는 늘 살수 호스 옆, 한 번도 감아본 적 없는 말랑거리는 기다란 노란 호스 옆에 두곤 했는데. 왜 거기 없는 거야? 나는 행복을 되살려내는 일이 기쁨인지 잘 모르겠다. 나는 물을 준다. 행복한데도 행복하지 않은 사람들도 있다. 나는 알리숨[1] 덤불을 좋아한다. 서로 빽빽하게 붙어 있고, 무수히 많고, 매우 밀집되고, 솜털이 보송보송하고, 매혹적인 향기를 은은하게 풍기는 이 식물을 우리는 알리숨이라 부른다. 그런데 따스한 햇살에 섞여드는 이 고통의 이름은 대체 무엇인가? 왜 한 쌍의 꿩이 이 여인보다 이 집 정원의 월계수 언저리에서 더 오래 사는 것일까? 그녀는 이러한 정경도 경탄도 행복도 누리지 못했건만.

---

[1] 십자화과의 여러해살이 풀.

제21장

기마 수렵

1860년 연합군 함대가 톈진天津을 점령했다. 프랑스 군대는 강행군으로 베이징에 진군했다. 하이톈海天에서 그들은 황궁을 약탈했다.

고슴도치라는 별명의 스파이[1] 하사는 어머니에게 보내는 편지에 이렇게 썼다. "개미집이 행인의 발에 짓밟혔다고나 할까요. 겁에 질린 일개미들이 입에 낟알이며 유충이나 알, 지푸라기를 물고 사방으로 달아나는 꼴이었어요. 옻칠한 붉은 궤에 머리통을 처박고 살피는 욘[2]의 병사들이 있는가 하면, 벨빌[3]의 농부들은 루비와 사파이어와 진주를 제 주머니

---

1) sphais: 북아프리카 프랑스군이 조직한 아프리카 원주민 기병.
2) 프랑스 부르고뉴 지방의 도시.
3) 파리 인근 지역으로 1860년 파리 시에 합병되어 두 개의 구로 나뉘었다.

에, 셔츠 밑에, 군모 안에 집어넣느라 바빴지요. 기발한 공병들은 도끼를 가져와 공중으로 번쩍 쳐들었다가 장롱 문을 내리쳐 박살을 내더군요. 이따금 '불이야' 하고 비명을 지르며 너나 할 것 없이 달음박질을 치기도 했어요. 그러고 나서는 모두가 되돌아와 다시 약탈을 했고요. 부대원들의 노략질에 무방비로 버려진 황실 거처들을 지나 정원에 이르렀을 때, 저는 기다란 정원에 깃든 한없이 평온한 자연의 정경에 전율을 느꼈어요. 나무들은 위풍당당하고, 연못에는 고요가 가득하고, 잿빛 하늘에는 달이 떴더라고요. 여기저기, 도처에서 프랑스 병사들이 별채로, 탑으로, 도서관으로, 배로 말없이 달려가더군요. 저는 버려진 곤돌라로 가서 바닥에 앉아 잠이 들었어요."

*

어느 해보다 저주받은 1870년,[4] 워털루 전투와 베이징 점령처럼 19세기 최악의 참사가 일어났던 바로 그해에 프랑스

---

[4] 1870년은 프로이센-프랑스 전쟁에서 나폴레옹 3세의 패배로 제2제정이 붕괴된 해이다. 이 사건은 1860년에 일어난 베이징 점령(제2차 아편전쟁 당시 프랑스와 영국 연합군의 베이징 점령과 원명원 약탈사건)과 1815년에 일어난 워털루 전투(나폴레옹 1세의 몰락)처럼 19세기의 국가적 참사로 기억된다.

황제 나폴레옹 3세가 참가한 마지막 기마 수렵이 있었다.

퐁텐블로[5]에서였다. 그의 백부[6]가 1814년[7] 마지막 작별을 고했던 곳이기도 하다.

몰이사냥의 끝 무렵, 상처 입은 수사슴을 숲속 바위에 기대 세워 두었다. 황제로 하여금 자신이 사슴을 잡을 수 있다고 착각하게 만들기 위해서였다.

황제는 어깨에 총을 메고, 사슴을 조준하지만, 탄환은 사냥개 무리 중 가장 뛰어난 개를 꿰뚫는다.

*

아테네의 민주주의, 바이마르 공화국,[8] 우연의 품에 떨어진 두 개의 자그만 빛의 방울.

위트레흐트 동맹[9] 이후의 네덜란드.[10]

선박들에 다시 항구를 폐쇄한 일본.

---

[5] 파리에서 65킬로미터 떨어진 '퐁텐블로 숲' 한가운데 있는 휴양지로 12세기부터 왕족과 귀족의 수렵지였다.
[6] 나폴레옹 1세를 가리킨다. 나폴레옹 3세는 나폴레옹 1세의 동생 아들.
[7] 나폴레옹 1세가 엘바섬에 유배된 해이다.
[8] 1919년에 성립하여 1933년까지 유지된 독일 공화국의 통칭.

9) 네덜란드 독립전쟁 당시 로마 가톨릭교회를 믿는 에스파냐 지배자 펠레페 2세에 대항해 개신교를 믿는 네덜란드 북부 7주가 맺은 동맹.
10) 위트레흐트 동맹(1579) 이후 네덜란드는 북부(현재의 네덜란드)와 남부(현재의 벨기에 등)로 분리된다.

제22장

시간의 관자놀이

Narrabo omnia mirabilia(경이로운 것들을 모두 말해주겠다). 나는 경이로움에 대해 전부 말할 것인데, 그 꿈의 열기에서, 시간의 관자놀이에서 느껴지는, 영혼의 가장 은밀한 이야기부터 시작하겠다. 이른바 경이(*mirabilia*, 경탄할 만한 것들)란 우리를 아연실색하게 만들거나(타키투스),[1] 망연자실 눈물을 흘리게 만들거나(사마천),[2] 군중의 광포에 도취하게 만드는(미슐레)[3] 순전히 비극적 사건이다.

---

1) 고대 로마의 역사가. 그의 저서 『연대기』나 『역사』에 기록된 로마 제국의 폭정, 음모, 피비린내 나는 사건들은 가히 말문을 막히게 만든다.
2) 중국 전한前漢시대의 역사가. 궁형(거세)의 고통을 견디며 저술한 『사기史記』에 기술된 비극적 인간상(인생의 비극, 인간의 존엄과 굴욕, 영웅의 몰락)에 감정 이입되어 눈물을 흘리게 된다.

경이驚異는 해석할 수 없는 세부細部이다. 꿈에 아주 가깝다. 정신분석가는 이유 없는 세부를 꿈에 나타나는 부활의 기호로 보기도 한다.

*

라투르비 마을 위쪽, 아우구스투스의 전승 기념비 너머, 바다 위쪽에 위치한 내 누이 마리안의 정원에 있는 미라벨 나무.

나무의 경이merveille ─ 나무에 열린 **미라벨**_mirabelle_[4] ─ 는 내 꿈에 매우 자주 나타난다.

*

황폐한 르아브르 항구에서 느낀 경이는 우리 어머니가 전날 밤 끓는 기름에 던져 넣던 ─ 자식 네 명의 이름 글자 모양의 ─ 맛있는 도넛 튀김이었다. 아직 자신의 세계가 빈칸인

---

[3] 프랑스의 역사가. 혁명의 찬양 및 민중의 열정과 폭발이 생생하게 묘사된 그의 글은 광적인 군중의 에너지와 집단적 열광으로 인한 도취감을 느끼게 한다.
[4] 자두의 일종.

아주 어린애들 이름의 머리글자가 검은 튀김 냄비 안에서 놀랍게 부풀어 올랐다.

기름에 노릇하게 튀겨져 마침내 금이 되었다.

설탕가루가 뿌려졌다.

밤새 마르지 않도록 나사 천에 덮여 보관되었다. 아침에 우리는 식탁에 놓인 튀김을 보았고, 먹었다. 그야말로 경이 이상의 기적이었다. 머리글자 모양의 도넛 튀김을 게걸스럽게 먹어서 우리 자신을 먹어치운 것이므로.

*

이런 것이 연대기 안에 등장하는 날짜들이다.

영혼의 발열학 안에, 즉 사망 제례의 방화선 뒤편에, 고인의 수의 아래, 화강암 석판 아래쪽에 기록되는.

살아 있는 역사는 사라지고 있을 때의 욕망과 관련 있다.

유혈이 대지에 스며들면 더욱 빈번하게 그러하다. 역사가 기술하는 것은 이야기의 배열에 불과하다. **역사란 무엇인가?** 갑자기 서양 최초의 위대한 역사가가 묻는다. 그의 이름은 투키디데스[5]이다. **사람들은 그들의 기억을 그들의 불행과 조화롭**

---

[5] Thucydides: 기원전 5세기 후반에 활동한 고대 그리스의 역사학자.

게 일치시킨다.

 이야기할 수 없는 것을 소환하려면 그것을 집어넣을 함을, 은닉할 궤를, 보이지 않게 숨길 방주方舟를 꾸며내야 한다. 우리는 그것을 소설이라 부른다.

 혹은 예전 성가대 밑의 지하 납골당. 에나멜이나 금 재질의 십자가상 아래 놓인 성유물함.

 침실 한구석의 둘러싸인 공간, 독방의 모서리. 사회가 느슨해지는 동떨어진 장소. 이야기가 새로 만들어지는 은거지 혹은 기항지.

 순수한 감정적 반란에 의한 시詩. 침몰하지 않는 단장斷章.

 천 아래서 곤두서는 남성 성기. 란제리의 주름에 가려진 채 떨고 있는 여성 성기.

 이러한 요소들은, 몹시 생뚱맞은 것들임에도, 마법의 오류 속에 서로 뒤얽혀 있다.

 사랑에 빠지면 심장이 두근거리며 영혼이 불쑥 일어선다. 팔딱이는 두 관자놀이. 어떤 합치도 이루지 못한 채. 그러나 '합치'를 향한 그리움이 영원의 한가운데서 온 힘을 다해 솟아오른다.

*

　1640년 등반객들이 등불을 들고 **세상의 끝**이라 부르는 곳을 구경했다. 우리가 동굴이라 부르는 곳이다. 니오 동굴[6]은 1640년에 탐사되었다. 거기서 그들은 되도록 빨리 죽으라고 마을에서 먼 곳에 내다버린 늑대아이들이 그렸으리라 짐작되는 거친 암벽화를 보았다.

*

　콘스탄티누스 황제 시대에 쓰이던 로마 동전들은 235년에 주조된 것으로 오키나와섬에서 발견되었다. 1242년에 화재로 소실된 가쓰렌 성터[7]의 잔해에서였다.

*

　페르시아의 공포에 뒤이어 마케도니아의, 로마의, 기독교의, 이슬람교의, 영국의, 튀르키예의, 일본의, 독일의, 미국

---
6) 프랑스 아리에주에 있는 후기 구석기 시대 암벽화로 유명한 동굴.
7) 태평양으로 돌출된 가쓰렌반도 남쪽 구릉에 전쟁 대비 방어용으로 13세기 전후에 축조된 성터.

의, 러시아의, 중국의, 프랑스의, 캄보디아의, 아랍의, 아프리카의 공포로 겁에 질려 비굴하고 우유부단해진, 몹시 지적이고 비겁한 역사가들은 세밀한 사건과의 모든 관련성을 저버렸다. 그들은 아이아스[8]와 그의 죽음, 고독, 길들일 수 없는 분노, 검劍, 침묵, 큼직한 수의로 몸을 감싼 늘씬하고 아름다운 아내 테크메사의 침묵을 저버렸다. 그들은 오디세우스의 진영에 합류하여 그의 너스레, 술책, 달랠 길 없는 노스탤지어를 거론했다. 그들은 국가 관료로서의 자기 급료가 걱정되기 시작했다. 또한 산발적―사실대로 말하자면 파국적―재난의 현실성과 날짜의 설명할 수 없는―가차 없고, 헛되고, 사치스러운― 우연성으로 하늘에서 우라노스[9]의 핏방울과 동시에 한 방울씩 떨어지거나 질풍노도처럼 쏟아져 내리는 **시간** 자체에 대한 공포에 사로잡혔다. 대상도 끝도 없는, 박식을 요구하는 현기증 나는 밑 빠진 독 앞에서 느끼는 공포였다.

그들은 두려운 나머지 진실을 덜 드러낼지언정 자신의 책에 더 많은 의미를 부여하고, 자신의 삶이 덜 노출되기를 원했다.

---

[8] Aeas: Ajax라고도 한다. 소포클레스의 고대 아테네 비극 중 하나인 『아이아스』의 주인공.
[9] 그리스 신화에서 '하늘'을 의인화한 신.

그러자 정확성이 사라졌다. 박식함도 줄어들었다.

그런데 해안을 벗어나 볼 수 없게 된 사람이 해안에 대해 말할 수 있을까? 그를 뒤쫓는 아쉬움, 이러한 노스탤지어, 회귀를 열망하는 이러한 병, 이것들은 그가 **역사**의 근원에 있었으므로 응당 그의 것이어야 했을 대상이 아닌 다른 대상에서 떠돌았다. 그는 더 즉각적인 위험을 우선시하고, 그를 위협하고 두렵게 만드는 침몰에 도움을 주기를 거부한다.

만일 물 위에 떠 있는 자들이 상류(아직 도달하지 않은 곳)와 하류(다시 돌아갈 수 없는 곳)를 말할 수 있다 하더라도, 시간 속에서 과연 누가 물결의 움직임과 그 부단한 속도를 말할 수 있으며, 공간 속에서 깊이의 기준을 이야기할 수 있을까?[10]

동, 서, 남, 북, 천정天頂,[11] 천저天底[12]는 흐르는 공간에 존재하지 않는다.

시간에서의 post(후), ante(전), ici(여기), pas ici(여기 아닌), hic et alibi(이곳과 부재증명), fort et da(사라짐과 나타남),

---

10) 상류와 하류에 대한 괄호 속 설명이 물리적 흐름과 반대이다. 이것이 단순 오류인지 혹은 의도된(일반적 시간과 공간의 흐름에 얽매이지 않음을 의미하는) 장치인지 알 수 없다.
11) 지구 표면의 관측 지점에서 연직선을 위쪽으로 연장했을 때 천구와 만나는 점.
12) 지구 표면의 관측 지점에서 연직선을 아래쪽으로 연장했을 때 천구와 만나는 점.

이러한 방위 결정은 일출을 마주한 우리의 신체에서 기인하지 않는다. 그것들은 언어의 단어들, 문장의 절, 단어의 굴절, 동사의 인칭, 그리고 대화를 분절하는, *tempora*(시제)로 구성된 시퀀스들의 연쇄 속에 정신들과 시대들이 불어넣은 어떤 질서에서 비롯된 것이다. 그 시퀀스들은 대화를 통해 무언가를 드러내려는 것이 아니라, 오히려 그 안으로 스며들기 위한 방식으로 배열되어 있다. 우리가 버티고 있는 순간에조차도 우리가 있는 지점은 존속되지 않는다. 대화도 마찬가지로 현재 있는 곳에 있을 수 없고, 더 이상 존재하지 않을 곳에 머무를 수 없다. 태어나면서 우리 신체에 있던 모든 세포는 더 이상 우리 몸을 움직이게 하지 못한다. 피를 순환시켜 힘차게 맥박을 뛰게 하는 것은 더 이상 그 세포들이 아니다.

우리는 우리였던 무엇뿐만 아니라 우리가 될 무엇조차 완전히 비워진 존재이다.

*

공백의 틈새 시간은 인간의 유일한 거처이다. 맞닥뜨리는 빛 속에서 느끼는 배고픔의 시간이다. 또한 대기의 빛에 앞서는 이미 경과된 태아의 시간이기도 하다. 욕망의 깊은 곳에 도사린 결핍이 바로 꿈이다. 죽음만이 아닌 미래에 뚫린 구멍, 죽음보다 더 거대한 공백, 이런 것이 급류처럼 인간을 덮친다.

다음은 석학 바로가 그의 책 『라틴어에 대하여 *De lingua latina*』 6권 서두에 쓴 놀라운 글이다. "시간은 굴절이지만 하나의 공백이기도 하다. 라틴어 *tempus*(시간)는 세계 자체의 움직임 내에서의 *intervallum*(간격)이거나, 그러한 움직임을 가리키는 단어들 내부에서의 *flexio*(굴절)를 표현한다. 이것이 격格[13]과 굴절어미를 언어의 *tempora*(시제)라 부르는 이유이다."

시제란 무엇인가? 구부려 끓는 무릎, 욕망에서의 휘어짐, 기쁨에서의 뒤집힘이다. 지극히 짧고 두루뭉술한 웅얼거림에 섞여드는 심장의 박동이다. 생명이 끊어진 후에 그것을 기술하는 말들이 그치며 잦아드는 생명의 숨소리다. 항상 더 최신인 도시의 폐허로, 점점 더 오래된 **역사**로, 점점 더 빈번히 돌아오는revenant 유령revenant들의 춤이다.

그러므로 시간은 자연언어로 조음된 세계의 움직임들 사이의 간격이다. 삼키는 자의 입술과 치아를 거쳐 나오는 자연언어는 일단 허기가 충족된 포식자의 소화 과정을 건너뛰

---

[13] 문장 내에서 하나의 단어가 갖는 역할의 자릿값(주격, 목적격, 여격 등등).

어 곧바로 포식자의 귀에 포식의 기억을 들려준다. 즉 샅샅이 뒤지는 야수, 그들의 사냥, 먹잇감과 포식자 간의 난폭한 전투, 어느 시간heure의 생존자와 영원한 희생자를 결정짓는 죽임에 대해 말해준다.

간격은 점점 더 커지는 공백 속을 지나간다.

하지만 입술과 귀를 잇는 요지부동의 협로 이상으로, *tempus*(시간)라는 라틴어는 물리적 우주와 언어의 세계를 뒤얽고 있을 뿐 아니라, 날마다 탐색에 열을 올리며 추구하는 생생한 삶, 즉 *vita viva*(살아 있는 삶)를 가리킨다. 그것은 동등한 문명을 지닌 다른 많은 세계보다 더욱 야생으로 남았던 고대 세계의 특성으로 보다 **맥동적***pulsionnel*이다. *temps*(**시간**)은 인간의 얼굴 양쪽에 있는 *tempe*(**관자놀이**)를 가리키는데, 이곳에서 혈액 맥동이 내부의, 태아의, 출생 전의, 대기大氣 이전의 몸이 살아 있음을, 어머니 몸에 의탁한 생명체의 맥이 뛰고 있음을 알려준다. 또한 감정을 나타낼 뿐 아니라 에너지, 흥분, 열기, 발적을 헤아리기도 하는데, 이런 것들은 바로 맥동을 측정하는 흐름에서 발생하는 열이다.

우리는 엄지pouce로 맥pouls을 짚는다.

제23장

세계의 기억 모퉁이

여름이 끝나면 메뒤즈 샌들,[1] 수영 팬츠, 조개를 담는 흰색 양동이, 바다가 시작되는 갯벌 끝에 아이들이 밀어 넣던 어망, 로프 슬리퍼, 밀짚모자를 정리한다. 긴 의자들을 접는다. 색 바랜 파라솔을 접는다. 전부 차고 맨 안쪽에 넣어둔다.

*

그리고 우리도 죽음이 가까워지면 거실 구석에, 눈이 부시지 않게 비스듬히 기울인 작은 전등 옆의 그늘에 숨는다. 나

---

[1] 1946년 출시되어 1960년대부터 프랑스를 대표하는 투명한 플라스틱 재질의 해변 샌들. 젤리 슈즈라고도 한다.

이 들수록 추해지거나 적어도 늘어지고 주름진 피부가 부끄러워 숨는다. 시간이 더 모자라게 될 다음 날을 피하려고 숨는다. 가짓수가 늘어나는가 하면, 새롭게 드러나거나 낌새가 느껴지는, 아무튼 호시탐탐 노리고 있는 병에 대한 걱정 속에 숨는다. 우리는 커튼 귀퉁이에서, 창문 근처에서, 책을 벗 삼아, 즉 세상의 기억 속에 숨는다. 세상에 대해 남겨진 가장 생생한 기억 속에서 자신의 두려움을 잊는다. 가장 정감 어리고 파괴적인 유년기 경험의 가장 감동적 순간들로 피신한다. 그 순간들이 내면 깊은 곳에서 움직이고 되살아나는 것을 즐긴다.

*

낮 시간에 예술 창작을 하며, 좋아하는 기억에 몰입하는 순간들을 갖는 것은 좋은 일이다.

그것은 우리가 밤에 눈을 감는 순간에 일어나는 꿈의 방식이기도 하다.

*

행복한 시간들, 그대들은 사회적, 역사적, 심지어 가족적 연대기의 그물망에서 우리를 해방시킨다. 전기적 연대기에 서조차도. 사생활의 어둠에 은닉되어 아무도 알지 못하는 순간들. 너무 개인적이라 알려지고 싶지 않은 순간들. 감각의 침묵과 형언할 수 없는 친숙한 냄새라는 보물이 깃든 장면들. 개별 영혼보다는 오히려 환경에 더 속하는, 마치 꽃들처럼—특히 신비하게 잔디밭 위에 자리 잡은 다년생 꽃들처럼—아마도 겨울 동안, 아마도 돌풍에 실려, 혹은 새의 부리에 묻어 온 것일지도 모르는 짝지을 수 없는 실체들. 그것들이 새봄에 모습을 드러낼 때, 그 출현은 매혹적이다.

*

푸른 튜베로즈[2]는 어디 있는가? 회색으로 변하는 청색인가? 청록색인가?

행복한 시간들, 그대들은 어디 있는가?

*

벽은 어디 있는가?

---

2) 수선화과의 여러해살이풀. 월하향 혹은 만향옥이라 불릴 만큼 향기가 좋다.

집은 어디 있는가?
항구는 어디 있는가?

제24장

일반 역사

시간—*stricto sensu*(엄밀한 의미로)—을 빛이 태양에서 지구까지 오는 경로를 비추는 데 걸리는 지연으로 정의한다면, 빛이 공간으로 파고 들어가 그곳에서 퇴색하는 아주 신비로운 시간의 간극, 그곳에서 사라지는 주름, 빛을 전달하는 추진력이 언제나 더 불가사의하게도 비난받는 이상한 유예, 이것은 시간의 이완 지점이 시간의 유일한 기준점이며, 지금이 유지되는 순간은 그 기준이 아니라는 뜻이다. 시간은 이 지연이 결코 만회될 수 없다는 사실 그 자체다.

시간은 지연 앞의 이런 기다림이다.

또한 이와 마찬가지로 언어의 맹점은 유일한 반영이며, 거기에 아무것도 비추어지지 않는다.

빛을 발산하는 무엇이 있었다.

하나의 음악이 그들의 심장이 되어 우주 안에서 단 두 박자 리듬에 맞춰 박동한다.

그로부터 두 성性의 성별화가 생겨나 생명이 진척된다.

별들이 자신에게 결여된 질량을 향해 공간에서 돌진하는 그 헤아릴 수 없고 흐트러진 빛의 뒤편에는 가장 어두운 밤의 무엇인가가 있다.

인간과 함께 움직이는 그 환각적이고 역사적인 지점에는 시간의 어떠한 원천도 없으며, 살아 있는 것이라고 여길 만한 지향점도 없다. 우주는 살아 있지 않다. 어둠도 살아 있지 않다.

오직 자연만이 살아 있다.

지상의 생명체는 별이 뿜어내는 빛의 지연을 집어삼킨다. 모든 식물은 땅에서 솟아나와 꽃부리에, 정수리에, 머리에, 꽃잎에 빛이 닿는 순간 빛을 먹어치운다.

지상의 어느 생명체도 햇빛이 우리 눈에 보이는 순간과 **동일한 순간의** 태양빛 자체를 쬐어 본 적이 없다.

*

히로시마와 나가사키 핵폭탄의 폭발성은 **우주의 별의 근원**에서 빼낸 것이었다. 인간도 그곳에서 수천 년에 걸쳐 **엄청나**

게 긴 폭발이 일어나는 동안에 비롯된 존재이다.

*

파랗고 노란 태피스트리에서 루이 11세가 손에 '시간을 보여주는 시계horologe monstrable'를 들고 있는 모습이 보인다.

의심 많고 학식 있는 음험한 왕은 시계를 마치 작은 등불처럼 손에 들고 있다.

15세기 말에 montre(회중시계)[1]는 프랑스어로 'monstrance(성광)'[2]라 불리기 시작했다.

영주들은 휴대용 시계(시간을 보여주는 시계)를 끈이 풀린 지갑이나 반쯤 벌어진 달걀 모양으로 옷자락에 매달았다.

그 후 17세기에 **달걀**이라는 말이 **양파**로 대체되었다. 시계에 이렇게 이상한 명사들이 거론된 이유를 나는 알지 못한다. 다른 유사점들도 오해의 소지가 있을 수 있다.

프랑스인들의 **대공포**[3] 이후에 monsrance는 손 위쪽의 손

---

[1] 프랑스어 horloge(옛 철자는 horologe)는 벽시계처럼 큰 시계를 가리키는 반면, montre는 손목시계나 회중시계를 뜻한다.
[2] 금이나 은으로 만든 틀이나 그릇으로, 가톨릭 강복 때 성체를 보여주는 데 쓰는 제구. ostensoir(성체현시대聖體顯示臺)라고도 한다.
[3] 1793년부터 1794년까지의 프랑스의 혁명 시기.

목을 두른 팔찌에 고정되었다. 그것은 기사들이 우편으로 보내는 서신을 봉하던 밀랍 봉인에 앞서 이루어진 일이었다. 시계의 착용이 노예적 결혼반지를 제치고 뱃머리처럼 선두로 나서게 되었다.

*

1881년 독일의 해군 수뇌부는 라쇼드퐁[4] 소재의 스위스 시계 제조사 지라르페르고에 최초로 군용 '손목시계'를 대량으로 발주했다.

*

모든 시간 측정법은 기원을 야기한다.

시간 속에 어떤 지점이 설정되는 순간, 그것은 **도래**l'Avent를 만들어내며, 곧바로 측정 가능한 기준일 이전의 어떤 시간을 암시하게 된다. 하지만 **존재**l'Être의 **도래**는 시간의 셈법에 포함되지 않으므로 존재하지 않는다. 그럼에도 그것은 '존재한다existe.' 이것이 '있다être'도, '살다vivre'도 아닌 바로

---

4) 스위스 뇌샤텔주의 도시.

ek-sister[5]라는 동사의 본래 의미이다. 인간의 활동을 구획하는 계량적 시간은 가상 상류의 산물이다. 그리고 시간은 잇따르는(기원은 끊임없이 새롭게 시작되므로 사실 잇따르는 게 아닌) 것을 순서 짓기 위해, 존재하지 않는 연속을 고안해낸 척도일 뿐만 아니라, 원초적 장면 또한 우리가 그것에 대해 꾸는 꿈속에서 우리의 몸에 대해 똑같이 작용한다. 그 흔적이 우리 각자의 육체—우리가 흔적을 인지하지 못하는 각자의 육체—인 성교는, 욕망을 표현하고 정서와 환상, 몽환과 전설의 계보를 만들어내는 꿈에서 그것 역시 가상적인 것이 된다. 자신이 부재했던 장면을 상상하는 유성有性의 개인이 존재한다는 사실은 그가 자신의 성性이 아니라 자신의 **존재**l'Être로 출현하기에 앞서 자신을 수태한 책임이 있는 두 성을 환영으로 보는 일이다. 그의 '실존exsistence', 운동성, 촉각, 감정의 움직임é-motion은 앞선 두 성이 한순간—시간의 *lapsus*—변형되고 서로 끼워 맞춰지며 그를 수태하는 이 상류를 발생시킨다. 이것이 성경의 단어 **타락**(*lapsus*)이 '시간의 간극laps temporel'과 구분되지 않는 이유이다.[6] 이것이 자신의 출생과

---

5) 철학 용어 *exsistere*에 근거한 동사로 *ex*는 '밖'을, *sister*(e)는 '머무르다'의 뜻이다. '어떤 것의 밖에서 자신을 드러내는 상태, 즉 자기 자신을 넘어서는 존재 방식'으로 하이데거 존재론의 중요한 개념이다.
6) 인간이 타락으로 인해 에덴 밖의 시간 속으로 던져지게 되었다는 의미이다.

수태가 결코 동시적일 수 없음에도 태어나는 존재가 저마다 자신이 볼 수 없는 자신의 수태 장면을 보려고 영혼을 고취시키는 까닭이다.

*

음악가, 자폐인, 문인, 광인, 멜랑콜리한 자, 이론가, 명상가, 이들은 방랑errance에 빠진 방랑자들erreurs[7]이 아니라 '실존자들existentiaux'이다.

외향성 폭발explosion의 상류에서, 그들은 오른발을 줄곧 내향성 폭발implosion의 중심에 두었다.

*

과거와 미래는 하늘과 땅 사이의 아침과 저녁에 불과하다.
의식이 무너지는 밤에 꾸는 한낱 꿈에 불과하다.
우리는 기억의 시점에서 바라본 현재를 과거라 부른다.
우리는 미래의 시점에서 바라본 과거를 죽음이라 부른다.

---

[7] 원래 '오류'를 뜻하는 단어인데, errer(방황하다/방랑하다)의 주체(방랑하는 자)로 만들어 사용함으로써 이중적 의미를 담고 있다.

우리는 과거의 시점에서 바라본 옛날을 미래이자 있었던 것의 잠재성이라 부른다. 잠재성은 의외의 방식으로 정해진 운명도 방향성도 없이 뒤죽박죽으로 무궁무진하게 방출된다. 바로 우리가 *pulsio*(밀쳐냄), poussée(밀기), *phusis*(자연)[8]라 부르는 것이다. 이것이 바로 거울이 아무것도 숨기지 않으면서 자신은 보지 못하는 방식이다. 무엇보다도 거울은 자신이 마주한 공간의 모든 것을 자신의 표면에 역방향으로 환위換位한다. 그런 까닭에 전도된 시점은 비춰진 반영을 다시 뒤집기에 적합한 유일한 것이다. 이것이 바로 영혼 없는 눈〔目〕이 하는 일이다. 즉 눈은 시선의 깊은 곳에서 반사réfléchissement를 단순히 반사할réfléchit 뿐이다. 이것이 헤라클레이토스가, 철학이 생기기 오래전에, 'palintropie'[9]라 명명하고 사상의 핵심으로 삼았던 것이다. 그의 전도된 전쟁. 그는 거꾸로tête-bêche[10]였던 것을 복원시킨다. 이것은 모든 동물이 모든 동물 앞에서 하는 일이다. 동물들은 결코 저 자신을 바라보지 않는다. 남의 시선에 **자신의** 모습이 비쳐 목숨이 위

---

8) 순서대로 라틴어, 프랑스어, 그리스어이다.
9) 일체의 만물은 존재하는 일 없이 대립자 간의 상호작용인 투쟁에 의해 지속적으로 생성되며 조화를 추구한다는 주장. palin은 반복을, tropie는 변화를 뜻한다.
10) (두 사람의) 머리와 다리가 엇갈리게 된, 혹은 (두 물건이) 거꾸로 된 상태.

협받을까 두려워한다.

*

　고야[11]는 식당에서 맞은편 벽 전체에 **프레스코화**를 그렸다. 크로노스[12]가 고통으로 울부짖는 아이를 두 손으로 잡고 쩍 벌린 입으로 아이의 알몸을 날것인 채로 찢어 게걸스럽게 먹는 모습이었다.

---

11) Francisco de Goya(1746~1828): 에스파냐의 낭만주의 화가이자 판화가.
12) 그리스 신화와 소크라테스 이전 철학에서 시간을 의미하는 단어로, 이름 자체가 '시간'을 의미하는 동시에 그리스·로마 신화에 나오는 '신'의 이름이다. '크로노스의 시간(하염없이 흘러가는 시간)'은 '카이로스의 시간(무언가를 기다리는 시간)'과 대비된다.

제25장

가오리들

 텔루스[1]는 바다 밑에 서 있는 대지의 여신이다. 나는 주방 유리창에 기대어 선 그녀를 바라보았다. 조수潮水의 시간표를 살피고—주시하고— 해변의 너비와 건너야 할 수심, 넘어야 할 해류 및 그 강도, 해와 달의 길항, 바람의 세기, 예고된 돌풍, 자신의 수영에 적합한 속도를 계산하는 모습을 지켜보았다.
 그녀는 대지에 속했다. 그녀 자신이 *tellus*(대지)였고, 땅 밑에 깔린 하층토였다. 자연이 뿌리를 내린 곳, 즉 세상의 앉음새였다. 요가의 고행에서 아름다운 것은 앉은 자세이다. 경이로운 직립 자세. 부처가 그토록 아름다운 것은 오직 그 자

---

[1] 로마 신화에 나오는 대지의 여신. 그리스 신화의 가이아(대지)에 해당한다.

세 때문이다. 원래 무희는 헤엄치는 여자이다. 바다 한가운데 바위에 앉은 세이렌의 움켜쥔 발톱, 낮게 활짝 젖힌 어깨, 앞으로 내민 젖가슴, 편평하게 쭉 펴진 등, 자연스럽게 치켜든 꼿꼿한 고개. 아름다운 수직선. 안팎에서 빛의 스포트라이트를 받은 암피트리테[2]가 유리창에 비친 제 몸의 반영에 기대어, 삐죽한 종려나무와 아래쪽 풀숲의 열매가 주렁주렁 달린 무화과나무를 마주한다. 그러고 나서 해초와 말미잘로 향한다. 이것이 암피트리테가 헤라클레스의 기둥[3]에서 포세이돈을 유혹했던 방식이라고 한다. 춤은 대기권의 공간에 도달하고 하늘을 모색하는 헤엄의 기억이다. 이 헤엄은 대지를 벗어난다. 그런 다음 아주 어린 올빼미가 날개를 활짝 펴고 고요한 어둠 속을 매우 느리게 날아가는 비상이다. 그것은 빛이 없는 심연의 어둠 속에서 이동하거나 혹은 그보다는 위치를 바꾸는 쥐가오리의 숭고한 지느러미이다.

---

[2] 그리스 신화에 나오는 바다의 여신이며, 포세이돈의 아내.
[3] 지브롤터 해협의 가장 동쪽 곶에 있는 암석. 그리스의 영웅 헤라클레스가 12가지 노역을 수행하던 중에 100번째 일을 마친 기념으로 기둥을 세웠다고 알려져 있다.

*

 발이 바닥에 닿지 않는데, '더 이상 발이 바닥에 닿지 않는' 상황에서 발을 딛고 일어서기.
 '날다voler'는 '헤엄치다nager'에서 파생되었다.

*

 갯벌 가장자리의 몹시 뜨거운 모래 위에 놓인 가오리 알들, 팔과 다리 같은 네 개의 심줄이 달린 검정색 작은 자루들, 마치 어린애가 시작하는 데생에 그려지는 인체의 이미지 같다. 몸통은 우선 닫힌 독방처럼 보인다. 그런 다음 아이의 서슴없고 느닷없는 손길로 몸이 자연스럽게 네 줄이 뻗어 나온 자루 같은 형태로 드러난다.

*

 멀리, 아주 멀리, 망망대해의 물속으로 들어가는 것은 형태를 갖춘 지극히 미세하고 거의 벌거벗은 몸이다. 그 몸이 거대한 무정형의 몸을, 손으로 만질 수도 쥘 수도 없는 몸을, 저항과 밀도와 유동적인 둔중한 힘으로 맞서는 몸을 뚫고 들어간다.

 몸의 개별적인 모든 형태가 속속들이 공격받는다. 거대한 물의 부피 속으로 스며드는 그녀의 육신은 그곳에 강렬히 존재하며, 차가움 속에서 더욱 또렷해진다. 바다는 그녀의 몸을 샅샅이 더듬고, 그녀 삶의 가장 깊은 곳까지 가닿는다.

 성적 향유에서, 특히 오르가슴의 순간에 몸의 이미지는 하나의 점에 불과하다.

 바다에 들어가면 모래나 해초, 바닷말, 개흙을 파고드는 발가락 하나하나를, 물결에 휩싸이는 발목을, 장딴지를, 허벅지를, 허벅지와 배 사이의 골을, 성기를, 엉덩이를, 배꼽을, 단단해지는 젖꼭지를, 입술을, 뺨을, 머리칼을 ─머리 윗부분의 정수리까지─ 느낄 수 있다. 죄다 덜덜 떨린다. 죄다 자신보다 더 오래된, 무정형의, 뒤죽박죽인, 소란스러운, 차원이 부재하는, 혼돈 상태의 물과 접촉한다.

*

 개, 바다로 들어가는 아이, 그들은 함성을 지른다. 그것은 전쟁이다. 그들의 힘과 짖는 소리가 그들에게 부딪치며 튀어오르는 물결과 벌이는 싸움이다. 파도가 밀려오면 그들은 후퇴하고, 물러나며 전진한다. 물러가는 듯 보이지만 밀려오는 파도처럼 말이다. 죄다 아우성친다. 답보 상태거나 공격이거나 뒤얽혀 있거나 회오리치거나―춤추거나― 간에 죄다 고함을 지른다. 야성적 충동의 춤이거나 열망이 세상의 물리적 충동에 맞선다―합류한다.

*

바다가 자신에게 침투하는 몸을 밀어내는 힘, 이 폭력―원래의 물이 작용하여 몸을 부조浮彫하는 압력, 원래의 물이 형성한 몸 안에 항시 존속하는 그 물의 **느낌**―을 스스로 욕망하는 몸의 형태로 끊임없이 밀려오는 물결의 움직임은 이러한 카오스와 암벽 밑이나 해안에서 요란하게 철썩이는 물결의 소란 속에서 더욱 '끝나지 않는non-finie', 더욱 **'무한한** *infinie*' 것이 된다.

*

"난 헤엄치고 있지 않아. 가라앉고 있는 것 같은데"라고 클로드 파인[4]이 꿈속에서 내게 말했다. 꿈을 꾸는 동안 생生과

---

4) Claude Faïn(1926~2001): 프랑스의 시인, 정신분석학자.

사死가 끝없는 '전진'처럼 여겨졌다.

 클로드 파인이 1969년 에디트 다한[5]의 집에 있다. 나는 이 속내 이야기에 놀랐던 적이 있다. 그 일이 꿈의 형태로 다시 떠올랐다. 아마도 잘못된 기억이리라 생각한다. 꿈에 선명하게 다시 나타난 이름들 자체도 불확실하다. 나는 에디트 다한의 집에 있다. 아주 아름다운 아파트다. 1960년대 말이다. 나는 파울 첼란[6]과 함께 있다. 몇 달 전에 『말 더듬는 존재 L'être du balbutiement』[7]가 출간되었다. 클로드 파인이 내게 정신분석이 무엇인지 설명한다. 그는 수영을 좋아한다. 물속으로 뛰어들어 지칠 때까지 앞으로 나아간다. 지치면 몸을 뒤집어 배영을 한다. 비결은 그거야, 라고 말해준다. 도달하는 것은 중요하지 않다. 해변에도, 이타카[8]에도, 죽음에도. 우리는 가라앉거나 떠다닌다. 난파된 나뭇조각처럼 배영을 한다. 죽음은 곳이 아니다. 아래도 허공, 위에도 허공이다. 돌아온다면, 최상의 컨디션으로 돌아온다.

---

5) Édith Dahan : 프랑스의 여류 시인, 작가. 작품으로는 『전쟁의 시대 Époques pour la guerre』(1984)가 있다.
6) Paul Celan(1920~1970) : 루마니아 출생의 유대계 독일인 시인. 아우슈비츠에서 가족을 잃은 기억으로 고통받다가 센강에 투신하여 생을 마감했다.
7) 키냐르의 첫번째 작품(1969).
8) 그리스 이오니아제도의 한 섬으로, 호메로스의 책에 나오는 오디세우스의 고향.

*

  이카루스의 무덤은 에게해의 어느 곳에, 앰버제도[9]에 있다고 전해왔다.

---

9) 에게해에 앰버제도라는 실제 지명은 존재하지 않는다. 상상의, 혹은 신화적 지명인 듯하다.

제26장

뱀장어들

 뱀장어들은 노화가 시작될 때, 마침내 사르가소해[1]에 다다를 때, 강 하구로 거슬러 올라가려고 할 때, 담수인 강물을 찾아 올라와 기슭의 모래밭에 놓일 때 몸을 떤다. 얼마나 심하게 몸을 떠는지, 맛있는 뱀장어가! 크기는 몇 센티미터로 아주 창백하다 못해 거의 투명하다. 기진맥진해 죽어가는 녀석들의 눈앞에 램프를 들이밀면 불빛을 향해 몰려와 죽는다. 그러면 그것들을 식초 물에 씻는다. 쿠르부용[2] 재료로 당근 한 개, 순무 한 개를 준비한다. 오랫동안 끓인다. 마지막 순간에 미혹된 늙은 장어를 넣고 화이트 와인을 뿌린다. 5분간

---

1) 북대서양 중앙부의 해류 흐름에 둘러싸인 바다.
2) 고기나 채소 등을 삶아서 만드는 수프. 국물.

익힌다. 맛있게 먹는다.

*

Sea(바다), See(보다), Seele(영혼). Mer et âme(바다 그리고 영혼).

헤라클레이토스의 말이다. "영혼의 죽음은 물이 되는 것이다."

그리고 이것이 그들의 기원이다.

어둠을 만질 수 없는 것과 마찬가지로 물은 붙잡을 수 없는 것이다. 또한 저항할 수 없는, 융합적인, 객체화할 수 없는 무정형의 것이다.

여자의 성기 깊은 곳에서 기다리는 아홉 달의 오랜 어둠에 대해.

해안가에서 느끼는 멜랑콜리의 이유에 대해. 다울런드[3]는 행복 없는 기쁨이라 말했다. "오 불운한 나의 기쁨이여!O thus my hapless joy!"의 연대는 1604년이다. 오 **기쁨 없는** 나의 **기쁨**이여!Ô toi ma *joie sans joie*!

---

3) John Dowland(1563~1626): 잉글랜드 혹은 아일랜드의 작곡가, 류트 연주자, 가수.

나의 **불행한 행복** Mon *heur malheureux*.

*

라로슈푸코의 말이다. "사랑은 매일매일을 열정적으로 만든다. 바다는 만물의 감성적 이미지다."

*

카스파르 다비트 프리드리히[4]의 1808년 작품인 「바다를 바라보는 뒷모습의 수도사」.[5] 외연확장적인 물에는 특정한 형태가 없다. 시간은 바다에 접근하는 사람의 두개골인 소리의 동굴에서 빠져나오지 못한 채 그리로 끊임없이 몰려드는 물결이 시끌벅적하게 회귀하는 가운데 스스로 형태 없이 펼쳐진다. 그것은 대상의 부재에서 소멸하는 모든 미래이다. 즉 바다mer에서 되찾은 어머니mère이다.

---

4) Caspar David Friedrich(1774~1840): 독일 낭만주의 풍경화가.
5) 원제목은 '바닷가의 수도사Der Mönch am Meer.'

*

 바다는 모든 강이 삼켜지고 사라지는 '동일한 것'의 강이라고 말할 수 있는 반면에, 일정한 방향으로 상류에서 하류로 흐르는 강은 결코 동일한 강일 수 없으며, 그렇다고 자신이 흘러들어 합쳐진 바다도 아니다. 왜냐하면 강은 오직 돌진이고 유출이므로 자신이 지나온 흐름을 절대 다시 지나지 않기 때문이다.
 무한한 상실의 움직임.
 이것이 에페수스의 카이스터강이다.

*

 물이 조상이 아니라면 대체 무엇인가? 우리 손가락 끝에 남은 물고기 비늘의 잔해는 보지 않아도 계속 보인다. 우리가 잡을 때, 쥘 때, 만질 때, 연주할 때.

*

 이따금 우리는 자신의 실수를 전혀 알지 못하고 잘못된 판단을 한다. 어디서 시작된 실수인지조차 모른다. 고속도로를 전속력으로 달리다가 갑자기 어떤 지명을 보게 된다. 이 명칭을 잘못 알고 있던 터라, 가속 페달을 밟아 잘못된 출구로 빠져나간다. 낯선 장소가 나타나고, 그 지명이 어디에도 부합하지 않는 수많은 도로로 갈라진 방사형 교차로에 맞닥뜨린다. 같은 곳을 뱅뱅 돌 뿐, 아무 생각 없이 불쑥 떠나온 고속도로에 재진입하지 못한다. 표지판에서 얼핏 본 지명의 울림 때문에, 혹은 기억의 잔재 때문에, 혹은 환상 때문에 그러하다.

갑자기 우리는 분명 가까이에 있던 그곳에 더는 닿을 수 없게 된다. 보조도로에도, 고속도로에도, 방사형 교차로 주변 어디에도 이제는 아무런 표지 하나 없다. 우리는 그 주위를 어지럽게 맴돌고 있지만 헛수고일 뿐이다.

가장 가까운 곳이 얼마나 멀어졌는가.

이것이 내가 불행한 사랑을 보는 방식이다.

*

dé-boire(환멸)란 원래 몇 시간 전에 마신 훌륭한 와인이 입 안에 남긴 뒷맛을 이르는 말이었다.

*

프랑수아 드 라로슈푸코의 말이다. "어떤 이들은 남이 자신의 속마음을 꿰뚫어보는 것을 참지 못한다."

*

1936년 프로이트는 루트비히 빈스방거[6]에게 냉담하게 대답했다. "나는 언제나 1층에 있었고, 필요시에는 건물 지하실에도 있었어요. 당신은 우리가 관점을 바꾸면 종교, 예술, 철학과 마찬가지로 고상한 분들이 거주하는 높은 층을 볼 수 있다고 주장하십니다. 이런 입장은 비단 당신 혼자만의 것이 아니라, *Homo*(인간) 종種의 학식 있는 spécimen(전형) 대부분이 그렇게 생각하지요. 하지만 나는 당신들처럼 그렇게 생각하지 않을 수 있답니다."

낮은 가정[7]이 유일한 빛이다. 그것이 빛 자체처럼 공간에 떨어진다는 단순한 이유에서다.

빛은 수직으로 떨어지는 유일한 것이다.

---

6) Ludwig Binswanger(1881~1966): 스위스의 정신과 의사이며 병리학자.
7) 빈스방거(예술, 종교, 철학 등을 상부 구조로 상정)와 달리 프로이트는 우리의 생각이나 개념이 가장 평범한(낮은) 가정에서 형성된다고 믿는다.

거의 수직으로. 왜냐하면 그것을 인식하는 영혼에 늘 간격이 생기는 탓이다.

일종의 고통 혹은 오류의 간격 안에서.

우리는 빛과 열이 태양을 떠나 우리에게 도달하는 데 믿기 어려울 만큼 많은 시간이 걸리는 세상에 살고 있다.

*

가장 자주 꾸는 꿈에서 나는 한밤중에 지도조차 없는 아주 먼 곳으로 여행을 떠날 채비를 한다. 꿈속의 길은 교차로나 갈림길에서 방향을 읽을 수 없다. 내가 직면한 문제는 단순하다. 즉 빈자리가 있어도 어떻게 예약할지 모른다는 것이다.

나는 더 이상 객실을, 좌석을, 테이블을 예약하는 방법을 모른다.

어느 날, 아무런 사전지식이나 실마리조차 없이, 수수께끼의 지역으로 들어섰다.

최악의 상황은 이런 풍경에도 마법이 있다는 사실이다.

진짜로 우리를 기만하는 것이 아니므로 풀려날 길도 없는 마법이다. 불안한 것임에는 틀림없다. 얽히고설켜 복잡한 게 분명하다. 길을 잃게 할 섬광들로 가득하다. 놀랍지만 아름답다. 뭐라 불러야 할지 알 수 없다. 어떻게 그곳에 오게 되었는지도 모른다.

*

우리가 의식적으로 범하지 않은 오류에 대해서 우리는 아무것도 알지 못했다.

중국 허난성⁸⁾의 숲속 진흙 우물 근처에 살던 한 남자가 방심한 사이에 별안간 노랑과 검정이 섞인 제비나비로 변했다. 그는 이제 계畔를, 전날 밤을, 신기루를, 메아리를, 꽃의 화관을, 꽃을 빨아먹는 곤충을, 그것들이 만드는 몽상을 풀어낼 방법을 알지 못했다.

*

어느 날 나는 바이사오⁹⁾가 대나무 그늘에서 차를 권하듯이, 주먹 쥔 손에 맹금류를 올려놓고 무대의 어둠 속으로 들어갔다.

---

8) 중국 화북 지구 남주의 성.
9) 賣茶翁(1675~1763): 차〔茶〕를 팔며 교토를 여행하는 것으로 유명해진 일본의 선禪불교 오바쿠 학교의 승려.

그 일은 부지불식간에 일어났다. 어떻게 들어갈지, 어디에 발을 디딜지, 보폭을 어떻게 유지할지 알지 못하면서 들어갔던 꿈의 장면과 흡사했다. 무대 커튼 뒤편의 칠흑같이 캄캄한 무대.

바로 이곳, 성 요한 샤르트르회 수도원의 옛 회의장에서였다. 나는 즉흥적으로 「미로 여행Parcours labyrinthique」을 연주했다.

자신의 삶에 예측불허의 양식을 부여하고, 그것이 어떤 것이든 고수하는 것이 고행의 목표이다.

수수께끼 내부에서 각자는 기회의, 하늘에서 떨어진 것 같은 행운의 표지가 된다.

bon(좋은) heur(운),[10] 즉 bonne(좋은) pioche(카드 패).[11]

mal(나쁜) heur(운),[12] 즉 mal(나쁜) chance(기회), mauvaise(불길한) étoile(별).

출생에 관여한 별, 즉 기원의 간격, 그 영향력을 모으는 별. 차츰 존재했던 것이 자신의 주름과도 같은 기원에 속하고, 깃들고, 접합된다.

아득한 시절 어두운 주머니 속에 있어 결코 보이지 않는 태

---

10) bonheur는 '행복'을 뜻한다.
11) 도미노에서 판에 남은 패 중에서 골라잡은 패.
12) malheur는 '불행'을 뜻한다.

아와 마찬가지로. 어머니 안의 신비로운 자루 깊숙이 어머니의 피부 내벽에 달라붙은 작은 오디와 마찬가지로.

이것이 우리가 처한 환경에서 **자신의 목숨을 보전하는** 방식이다.

*

내가 탄복해 마지않은 첫번째 인물은 강변의 뱃사공이었다.

두번째 인물은 나무를 하러 숲속으로 갔다.

세번째 인물은 따뜻한 차를 잔에 담아 팔았다.

네번째 인물은 짚신을 삼아 팔았다.

다섯번째 인물은 버들가지 뼈대에 살을 바른 고양이 가죽을 씌우고 늘어뜨린 줄을 잡아당겼고, 가죽이 아주 놀라운 회한의 소리를 냈다.

여섯번째 인물은 물을 흐르게 한 바위 앞에 낡은 토기 항아리를 놓고, 매일 그곳에 끈기 있게 꽃을 꽂았다.

이것이 고대 현자들이 일종의 틈새인 도피처로 슬그머니 들어가 세상을 등졌던 방식이다.

1735년 어느 날 일본의 주도主島인 혼슈本州에서 바이사오 스님은 자신이 끓게 놓아둔 차 표면에 떠도는 김으로 변했다.

*

 1644년 어느 날, 이른바 그레이트브리튼섬에서 이자크 월턴[13]이 선택한 것은 낚시였다. 낚싯대를 들고 제방에 앉는 것으로 족했다. 우리는 이것을 일거리, 의례, 관조라고 한다. 사실 이것은 황홀한 실종이다.

*

 요시다 겐코[14] 법사는, 일본어를 프랑스어로 옮긴 번역자들이 주장하듯이, 1330년에 『한가로운 시간들*Les heures oisives*』을 저술한 게 아니다.

 이 책의 본래 제목은 일본어로 『시간이 부재하는 시간들*Les heures sans temps*』[15]이다.

 시간temps **내부에 있는** 시간temps **너머의** 시간들heures.

---

13) Izaak Walton(1593~1683): 낚시에 관한 에세이 『*The Compleat Angler*(釣魚大典)』(1653)의 저자인 잉글랜드 저술가.
14) 吉田兼好(1283~1352): 일본의 승려로 문학가이자 와카의 대가.
15) 원래 제목은 『쓰레즈레구사徒然草』. 徒然은 '무료해서 마땅히 할 일이 없는 상태', 草는 '수필'이나 '잡문'을 뜻한다. 즉 '무료한 나날에 흘러가는 잡다한 생각들을 붓으로 기록한 글 모음'이다.

이것이 바로 베리 공작인 장 드 프랑스가 '기도서livre d'heures'라 불렀던 것이다.

각각의 날짜는 우연들의 교차점이 되며, 그 우연들을 살펴보면 매우 놀라운 것으로 드러난다.

*

2017년 어느 날 생플로랑만 끝자락의 황량한 작은 해변에서 만을 헤엄쳐 건너오는 에마뉘엘을 기다리고 있다가, 나는 움직이지 않는 소 떼 한 무리를 보게 되었다. 소들이 모두 한 그루뿐인 잎사귀도 듬성듬성한 나무 주위에서 차례로 그늘을 차지하려고 시곗바늘처럼 원을 그리며 돌고 있었다. 차례차례 주둥이를 코르시카 고목이 땅에 드리운 어둠과 서늘함 속에 아주 잠깐씩 내밀면서.

제27장

1955~2017년

 우연, 부재, 밤, 이 책, 이런 것들로 인해 에마뉘엘 베른하임[1]이 떠오르면, 내 머릿속은 빛으로 가득 찬다.
 남녀 간에 성적인 일이 전혀 일어나지 않거나, 아예 그런 그림자조차 드리우지 않는 우정이란 매우 드물다.
 내 몸이 몸속 깊은 곳에서 일어선다. 밖으로 나가야 한다. 바다로 떠나자. 혹은 적어도 바다로 가는 도로로 출발하자. 내 앞에서 큰 보폭으로 극도로 단호하게 성큼성큼 걸어가는 그녀의 숨소리가 들린다. 우리의 교감은 언제나 절대적이고

---

1) Emmanuèle Bernheim(1955~2017): 프랑스의 시나리오 작가이며 소설가. 메디치상을 수상했고, 2010년부터 메디치상 심사위원으로 활동했다. 미술 수집가 앙드레 베른하임André Bernheim과 조각가 클로드 드 소리아Claude de Soria의 딸이다.

결연한 침묵에 속했다. 우리는 둘 다 작가였지만 문학에 관해 한마디도 하지 않았다. 우리의 책이 영화로 만들어졌지만 영화에 대해서도 전혀 말을 나눈 적이 없었다. 우리가 함께 살고 있는 반려자들도 같은 나라 태생이다. 한 사람은 수스[2] 항구에서, 또 한 사람은 튀니스[3] 항구에서 출생했다. 하지만 우리는 서로의 사생활에 대해 전혀 말하지 않았다. 단 한 번도. 그리고 정치에 대해서도 일절 함구했다.

두 가지만은 예외였다. 즉 가족의 광기와 악마적 사랑. 우선 쓰라린 유년기, 가혹행위, 그리고 되살아난 폭력들. 우리는 망가진 두 어린아이였다. 한 아이는 태어난 직후에 거식증에 걸려 어둠 속에서만 먹을 수 있을 정도로 망가졌다. 또 한 아이는 젊은 여인이 되자 즉시 폭식증에 걸렸다. 우리는 둘 다 노르망디의 작은 마을에서 유년기의 어려움을 겪었다. 둘 다 진흙이며 포레,[4] 억눌린 혹은 잃어버린 말들, 시큼한 사과, 줄기차게 내리는 비, 이런 것들에 절어 어쩔 줄 모르는 노르망디 꼬마였다. 그녀는 엘뵈프 출신이고, 나는 베르뇌유 출신이다. 첫날부터 그녀는 나를 정신분석가로 여겼다. 우리는 퐁루아얄의 바에서 점심을 먹었다. 그녀가 얼마 전에 다

---

2) 튀니지 수스주의 주도.
3) 튀니지의 수도.
4) 채소 수프 혹은 퓌레 형태의 요리.

노엘 출판사에서 자신의 첫번째 책[5]을 출간했음을 떠올리면서, 나는 다음 책은 갈리마르에서 출간하면 어떨지 제안하는 것으로 말머리를 떼었던 기억이 난다. 그런데 그녀가 자신의 삶을 내게 전부 내맡기듯 쏟아놓았다. 마치 곡물 화차가 철로 위에서 곡물은 전부 쏟아내듯이. 그 속엔 실망과 환멸, 혐오, 믿기 힘든 이야기들, 그리고 차마 입에 올릴 수 없는 절망들이 뒤섞여 있었고, 그 절망들은 그녀를 느닷없이 침묵하게 만들곤 했다. 또 다른 예외는 바로 분뇨담糞尿談이었다. 사실 나는 세상의 이런 환원적 측면을 몹시 싫어하는데, 그녀는 내가 그것을, 즉 오물을, 찌꺼기를, 농가 앞에 일종의 부富처럼 부려져 다른 마을 사람들을 무시하는 듯이 보이는 도발적 노출 성향의 두엄 더미를 좋아한다고 변함없이 믿었다. 또한 항상 나를 완고한 가톨릭 신자로 치부했다. 왜냐하면 어릴 때 그녀는 학교에서 교리문답 시간이 되면 다른 아이들과 떨어져 혼자 교실에 남아 있어야 했기 때문이다. 그녀는 이 일이 확실히 부당하지만 **수수께끼 같다고** 느꼈다. 센마리팀의 유대인들은 몰라야 했던 이 '시간'—일주일의 기간 전체에서 오로지 이 '시간'—은 대체 무엇이었을까? 거기 어떤 전례 혹은 어떤 마법이 숨겨져 있었을까? 그녀에겐 알 권리가 없

---

[5] Emmanuèle Bernheim, 『잭 나이프 *Le cran d'arrêt*』, Danoël, 1985.

는 마술적 행위는 대체 어떤 것이었을까?

*

 그녀는 루앙에, 나는 르아브르에 있었다. 그녀는, 마치 센 강의 물굽이가 루앙으로 접어든 다음에 습지를 가로질러 쥐미에주 항구로 달려들 듯이, 끊임없이 바다로 뛰어들었다. 늘 앞에서 걸었다. 바위들과 분홍빛 석영암이나 검은 화강암의 큰 암석 덩어리들 사이에서도 앞장을 섰다. 산의 내리막 오솔길과 귀리 밭에서도 앞장서 걸었다. 해변의 모래를 예고하는 세관 길의 먼지 속에 이르면 걸음이 빨라졌다. 그녀는 재빨리 옷을 벗고, 콘택트렌즈를 떼어내고, 렌즈 보관용 작은 상자를 닫고, 가방을 내게 건넸다. 그녀는 언제든 수영할 수 있도록 늘 메뒤즈 샌들을 신고 있었다.

 갑자기 등을 곧추세우고, 갑자기 동작이 느려지고, 갑자기 용의주도해진 그녀는 수영모를 썼다. 모자의 고무 재질을 잡아당기고 단단히 눌러 공기를 뺐다. 꼼꼼하지 않은 그녀가 삐져나온 머리칼의 곱슬곱슬한 컬을 세심하게 하나씩 모자 안으로 밀어 넣었다. 그리고 양 손바닥으로 귀를 눌러 자신의 두개골을 맡긴 태반 같은 고무 재질 모자의 방수성을 완벽하게 만들었다. 이 광경이 그녀가 죽은 후에도 끊임없이 내 꿈에 나타난다.

*

 사실 이 광경은, 어느 꿈에서나 그렇지만, 다음 순간을 예비한다. 즉 두 팔을 벌렸다가 그러모아 위로 들어 올린 다음에 앞으로 모으면서 바다로 뛰어드는 순간을.

*

 그것은 부테스[6]이다. 그는 어느 날 갑자기, 노 젓기를 지휘하는 오르페우스와 인류 **역사**상 최초의 선박이라는 놀라운 생각을 해낸 선장 이아손이 아연실색해서 바라보는 가운데, 노 젓는 대열에서 이탈한다. 그리고 느닷없이, **아르고호** 상갑판의 난간을 딛고, 황금 양털 따위는 아랑곳없이, 아무런 목적지도 정한 바 없이 물속으로 뛰어든다.

---

 6) 키냐르의 『부테스』(2008) 참조.

*

토주르[7]의 호텔 수영장 다이빙대에서 그녀가 물속으로 뛰어내릴 때, 그녀는 RDA[8] 올림픽의 영락없는 챔피언이었다.

대서양에서 그녀는 파고가 가장 높은 물결을 기다렸다가, 머리를 숙이고, 파도를 뚫는다.

나는 바다를 바라보는데, 그저 바다만 보인다.

나는 바다를 바라본다. 망망대해. 기원의 무한한 힘.

기쁨. 물결. 조수潮水. Wogue.[9] Wellen(파도). Tempête(격심한 풍랑).

그녀는 파도의 순수한 솟구침이었다. 순수한 분노!

---

7) 튀니지의 도시.
8) République Démocratique Allemande(독일 민주 공화국)의 약자.
9) 키냐르의 신조어로 vague(파도)와 vogue(흐름)의 결합으로 보인다.

제28장

분노

 그녀가 죽었을 때 나는 불현듯 자리를 떴다. 사람들이 말하는 그 여자는 내가 알던 그녀와 사뭇 달라 생소하게 느껴졌기 때문이다. 나는 비탄에 잠기기까지 했다. 나는 내 여자 친구의 친구가 아니었다. 내 여자 친구는 순수한 불안의 덩어리였고, 그 순수한 절망의 덩어리는 수정처럼 맑고 흑요석처럼 어두웠다. 하지만 그 절망이 그 자리에 없었기 때문이다. 그녀는 아마도 조심성 때문에 자신이 사랑하던 사람들과 늘 함께 있지는 않았을 것이다. 또한 아마도 나 역시 그녀의 고뇌에 동행함으로써 길을 잃고 헤매며 나 자신의 어두운 구름 속으로 뚫고 들어갔을 것이다. 혹은 아마도 그녀가 자신의 고통을 내게만 말했을 수도 있다.

*

 용암과 화염을 내뿜으며 갑자기, 예기치 않게 분출하는 화산.

 나는 그토록 극도로 분노에 휩싸인, 극도로 공포에 시달리고, 과격하며, 신랄한, 씩씩거리는 여자를 보지 못했다.

 순전한 날숨.

 프후! 프후!

 그것은 내가 의성어를 터뜨리거나, 숨이 차오르고 숨이 막히며, 끝내 질식하지 않고는 도저히 되살릴 수 없는 격정적인 활 놀림이었다.

 밧줄이 갑자기 느슨해지면 쐐기가 빠진다.

 그녀는 학대를 받았던 터라 무턱대고 자신을 학대했다. 자신의 마음에서 벗어나고 싶어질 정도로, 그녀는 불어오는 맞바람 속으로, 몸 앞에서 솟구치는 파도 속으로 거침없이 달려들었다. 몸이 녹초가 되게 하거나, 자살을 하거나, 혹은 그 품에 안기고 싶어서였을까. 그녀는 자신에게 상주하는 공포에 사로잡힌 이 놀라운 힘을 가라앉히려고 물로 뛰어들었다.

*

 어둠 속에서 나를 바라보던 부블리 생각이 난다. 부블리는 작은 올빼미인데, 샤르트뢰즈에 있는 성 요한에게 헌정된 티넬 극장에서 나는 녀석이 태어나는 것을 보았다. 내가 「어둠 속의 강변」을 공연하는 중에 이 작은 올빼미가 껍질을 깨고 나와 어둠 속에서 나를 바라보고 있었다. 나는 녀석을 유인하려고 애끓는 야릇한 소리를 냈다. '프쉐 프쉐 프쉐.'

 어둠 속에서 약간 반짝이는 닭이나 생쥐, 쥐의 날것인 피 묻은 살점들을 건네주기 위해서였다.

 내 여자 친구 에마뉘엘은 차가운 공기 속에서 내뱉는, 공포에 사로잡힌 소리를 냈다. '프후 프후 프후.'

 이 하찮은 소리들이 절절하게 그립다, 앞의 것도 뒤의 것도!

*

 내가 들어가서 잠을 잤던 이 모든 집은 누구의 집이었는가? 이 거대한 거처들의 어둠 속에서 내가 헤맸던 이유가, 크고 어두운 날개를 가진 히프노스[1] 신이, 내가 그토록 느닷없이 잠에 곯아떨어졌건만, 매일 밤 동안 내가 오래도록 잠에 머무는 것을 원치 않기 때문일까? 그럼에도 **밤夜의 여신**[2]은 내가 밤을 떠나기를 원치 않는다. 최초의 신인 그녀의 아버지 카오스는 내가 당신 딸의 품에 머물러 당신의 무질서에서 벗어나기를 바라지 않을지도 모른다. 에로스는 내가 그의 충동에서, 그의 새벽에서 분리되기를 원치 않는다.

모두 잠들어 있는데, 누구와 함께 나는 아침 식사를 했던가. 새벽에 최초의 흰 빛줄기가 나타나기도 전부터, 우리 둘은 서서, 잔디밭에서 깡충거리는 토끼들을 말없이 바라보았고, 안개에 휩싸인 나뭇가지들 아래의 꿩들을 관찰했고, 잠시 후면 해가 떠서 황금빛으로 변할 일종의 수증기에 휩싸인 떡갈나무 꼭대기에서 커다란 두 날개를 말리는 말똥가리들을 눈으로 찾았다.

나는 그녀 옆에서 도무지 말이 없었다.

그녀도 내 옆에서 도무지 말이 없었다.

우정은 함께 침묵할 줄 아는 것이고, 그런 의미에서 우리는 경이로운 친구였다. 우정은 또한 상대방의 어떤 것도 길들이려고 하지 않는다.

결코 비밀을 캐려들지 않기.

---

1) 그리스·로마 신화에서 잠의 신.
2) 그리스·로마 신화에서 밤의 여신 닉스를 가리킨다. 첫번째 신인 카오스의 딸이다.

상대방의 야성을 존속시키기, 분노담, 극도로 저속한 욕설, 공포, 타격의 흔적이 겨우 사라져 봉합된 몸, 이런 것들을 그저 놀라움으로 연륜의 자비에 맡겨 두기.

 상대방의 광분이 지속되게 내버려두기. 모든 한숨 너머의 날숨. 독성virulence을 증폭시키지 않도록 **바이러스**_virus_를 자극하지 않기.

 특히 바이러스로부터 보호하지 않기.

 바이러스는 우리의 눈을 노리고 있으므로 결코, 죽어도 절대, 마주 바라보면 안 되는 맹금류 같은 것이므로.

 맹금류는 우리의 눈부터 먹어치운 다음에 꿈의 살과 뇌를 빨아먹는다. 그것들이 장갑 위에 내려앉는 것은 삽시간이다. 그것들의 갑작스러운 존재를 느끼는 것은 무게 때문이다. 그러면 눈을 돌리지 말고, 그것들에게 두려움과 고통으로 몸부림치는 살아 있는 생쥐 새끼를 건네주어야 한다.

*

 M과 에마뉘엘은 서로 좋아했다. 우리의 감정은 죽음 때문에 바뀌지 않는다. 그녀들은 둘 다 몇 시간이고 눈물이 날 정도로 웃곤 했다. 그런 광기 어린 웃음에는 일말의 의심도 없이 원초적 불안이 섞여 있었다. 강인한 두 여인은 감수성이

극도로 예민했다. 동일한 섬광, 동일한 불길이 서로 전달되는 잉걸불이었다. 한 여자의 불은 사파이어처럼 푸른빛을 반사했고, 또 한 여자는 베수비오 화산에서 솟아오르는 것과 흡사한 검은 불길을 뿜어냈다. 두 여자는 별빛 아래 비틀거리며 샌프란시스코에서 돌아오는 잉걸불처럼 타오르는 네 개의 눈[目]이었다. 낚시보다는 놀이 삼아 갔던 작은 항구를 따라 갯벌 냄새가 풍기는 오른쪽 해안을 고수하며 지름길을 경유했다. 오솔길에는 푸른 혹은 적갈색의 펑퍼짐하고 거대한 브르타뉴 수국이며 골풀이 뒤섞인 풍성한 등나무 그리고 큼직한 나팔꽃들이 넘쳐났다.

두 여자는 팔짱을 끼고 잔뜩 취해 요란하게 웃어댔다.

둘 사이에는 서로 상승 효과를 지닌, 즉 자신이나 둘 모두에게서 고조되는 행복의 커다란 구름이 형성되었다.

내 기억 속에, 그녀들은 기차의 객차 안에서, 비행기의 동체 안에서, 사륜구동차 안에서, 사막에서, 심지어 마주 보고 있거나, e-mail 혹은 SMS, 고양이, 개, 연예인, 우스꽝스러운 배심원들의 사진을 주고받으면서도 자지러지게 웃곤 한다. 하찮은 동영상에도 웃음보를 터뜨린다.

나는 지금 단지 여행들을 떠올리고 있다.

하지만 공간에서의 유일한 진짜 이동은 보행이다.

우리는 말없이 몇 시간이고 걸을 수 있었다. 그런데 갑자기, 불쑥, 그녀가 얼이 빠진 듯 사로잡힌 모습으로 돌아서더니 요란하게 킁킁거리며 냄새를 맡았다. 번역할 필요가 있겠다. 그것은 "냄새 좀 맡아봐!"라는 뜻이었다. 혹은 멈춰 서서 기운차게 두 팔을 뻗었다면, 그녀가 행복하다는 의미였다.

혹은 또, 턱으로 뭔가를 가리키고 나서 전속력으로 다시 출발했다면, 이렇게 번역해야 했다. "얼마나 아름다운가!"

*

나는 그녀에게 수건을 건네고, 그녀는 내 옆에 무겁게 털썩 주저앉는다. 고무 재질의 수영모를 벗자 맨 머리통이 드러난다. 그녀는 머리칼을 약간 헝클어뜨린다. 내 눈을 똑바로 바라본다. 그녀의 눈이 카빌족[3]의 눈만큼 푸르다. 혹은 나폴리의 비르질리아노 공원[4] 위의 이탈리아 하늘보다 더 푸르다.

혹은 부테스가 뛰어내린 곳인 카프리의 티레니아해 심연보다 더 푸르다.

그것은 티베리우스 황제의 푸른 동굴이다.

그녀는 깊고, 황홀한, 살짝 광기 어린 눈길을 던지며, 자신

---

3) 알제리의 베르베르족.
4) 로마의 시인 베르길리우스의 이름을 딴 공원.

감으로 충만한 처칠풍의 태도로 내게 말하기 시작한다.

"바닷물 온도가 얼마나 좋은지 당신은 모를걸요."

*

옛 사제관의 길쭉한 주방에 서서, 상체를 활처럼 뒤로 젖히고, 그녀는 수도사들의 섬 주변의 만에 영향을 미칠 조수 시간표를 살피고 있다. 완벽한 침묵과 엄청난 집중력, 교황—빌뇌브[5] 소재의 자기 *capella*[6]에 있는 교황 인노켄티우스 6세—처럼 진지하고, 제 밥그릇으로 걸어가는 고양이—나이가 들어 금발로 변한 샤르트르 고양이 부비[7]—처럼 근엄한 모습.

나는 안개가 정원의 무화과나무 가지에서 헝클어지며 사라지는 것을 바라본다. 공작새들이 달려간다. 토끼들이 땅속으로 숨어든다. 그동안 내 여자 친구는 속으로, 즉 원기 왕성한 몸속 깊은 곳에서, 말없이, 본능적으로, 시간과 장소를 기획한다. 낮 동안은 내포까지, 선착장까지, 해변까지 부득이한 보행.

---

5) 프랑스 론강 유역의 도시 빌뇌브레자비뇽. 샤르트르회 수도원이 있다.
6) 작은 성당 혹은 성당 안의 기도실이나 예배당을 뜻하는 라틴어.
7) 키냐르가 온 강가의 집에서 기르던 회백색 털의 유럽산 고양이.

그녀의 진지한 얼굴에서 전부 읽을 수 있었다. 마치 외르[8] 지역 하늘의 구름을 보면 하루 전체의 날씨가 갤지 흐릴지 짐작할 수 있듯이.

항상 썰물의 흐름에 맞춰 우리가 달려가는 장소는 더구나 태양의 궤적에 따라 정해지곤 했다. 나는 바람의 움직임에 따라 비탈 위의 덤불처럼 그 자리에 쪼그려 앉아 있었다. 갑자기 나 자신이 돌풍에도 뿌리 뽑히지 않는 금작화 같았다. 새벽녘 이슬이나 밤 동안의 조수가 남긴 바닷물에 축축하게 젖은 제방에서 둥근 해를 찾는 고양이 같았다. 나는 하루가 저물 무렵 바싹 말라 갈라진 갯벌에 망설임 없이 주저앉았다. 온통 황혼의 분홍빛에 물든 갯벌에 이제는 따스한 온기마저 스며들었다. 이따금, 소나기에 흠뻑 젖은 풀밭에서, 혹은 향긋한 미역들 사이에서, 바위 위에 앉을 만큼의 자리를 비워 올라앉으면 엉덩이가 너무 젖거나 시리지 않았다.

때로는 몇 시간을 기다렸다.

나는 시간이 스스로의 방황에 빠지는 시간의 공백에 빠져들기를 좋아했다. 진정한 시간에는 방향성이 없다. 막다른 골목, 사라진 길. 풍경paysage 한가운데 뿌리내린 낯섦 dépaysement. 나는 정신이 몽롱해지는 바다의 아우성에 완전

---

[8] 프랑스 북부에 위치한 주.

히 빠져들기를 좋아했다. 태어난 이후로 내 마음 깊은 곳에 깃들어 단 한 번도 싫증을 유발하지 않는 이 수동성은, 도대체 어디서 온 것일까.

나는 전혀 무엇을 견딘 게 아니고, 참고 기다린 게 아니고, 지루했던 게 아니다. 나는 관조했다. 명상했다. 발끝에서 콧구멍까지, 이마까지 호흡했다.

나는 모래에 파묻힌, 모래를 들어 올리는 내 두 발을, 발가락들을 관찰했다.

나는 바다의 말미잘을 바라보았다. 서서히 오므라들며 색을 잃어가더니, 마침내 분노에 바싹 마른 입술처럼 메말라갔다.

나는 죽은 불가사리를 바라보았다. 오그라드는 태양처럼 숭고한 모습이었다.

나는 쌍각조개와 대합, 깃맛조개를 요란하게 으깨며 짓밟는 갈매기의 물갈퀴, 혹은 붉은 발을 바라보았다.

*

모래사장 기슭의 놀라울 만큼 깨끗하고 하얀 키 작은 미나리아재비들.

녹색 게를 먹고 있는 마도요.

나는 손을 뻗었다. 엄지와 검지를 내밀었다. 바다 회향[9]의 속이 빈 작은 관의 산방화서繖房花序를 으깨자 머리가 아플 정도로 진한 요오드 향과 특히 감미로운 아니스 향이 진동했다.

*

에마뉘엘의 가방 밑에서 물떼새들이 발톱으로 찌꺼기를 들어 올려 진딧물을 잡아먹었다.

*

해 질 무렵 모두가 오솔길로 귀가하는데, 그녀는 한 번 더 물에 들어가야 했으므로 사라져가는 석양빛 속으로 달려갔다. 내륙으로, 호텔로, 트레일러로, 캠핑장으로, 세상으로 돌아가려고 배를 타러 부두로 내려오거나, 서두르거나, 재잘거리는 수영객들에게 눈길 한번 주지 않았다.

오디 열매에 눈길 한번 주지 않았다.

야생 자두나무의 온통 시설枾雪에 덮인 푸른 자두prunelle[10]

---

9) 산형과의 여러해살이풀.
10) prunelle은 '눈동자'를 의미하기도 한다.

들에 눈길 한번 주지 않았다.

거대한 마가목 혹은 커다란 딱총나무의 꽃차례들에도, 섬 여기저기 흩뿌려져 저녁이면 산들바람에 흔들거리는, 키가 2미터는 족히 되는 키다리 접시꽃에도 눈길 한번 주지 않았다. 그녀는 아르덴 제철소 대장장이의 세모꼴 가죽 대형 풀무처럼 거칠게 숨을 몰아쉬었다. 코로 공기와 바람을 내보냈다. 그러고 나서 내보낸 공기와 바람을 입술을 내밀어 입으로 온 힘을 다해 밀어냈다.

*

우리는 암벽 주위를 돌아갔다.

그녀가 거기 있었다.

황혼이 가장 짙어지는 순간에는 수평선이 햇빛에 어찌나 반짝이는지 수평선을 주시할 수 없었다.

황금빛 해수면에 눈이 타는 듯했다. 나는 뒤늦게 뽕나무 숲으로 들어갔다. 그녀보다 늦게 도착했다. 멀리서 그녀는 티셔츠를 벗었고, 바지에서 다리를 빼냈고, 수영복을 입었다. 그녀가 얼마나 작던지, 망망대해의 해변에서 사람들은 얼마나 하찮던지, 우리는 어찌나 왜소하던지! 대양은 얼마나 거대한지. 그리고 얼마나 반짝이던지. 무력한 시선에 너무나

길고, 너무나 둥글고, 지각 위에서 너무도 드넓은 망망대해. 이 광대함은 우리 안에서 조금씩 우리 자신을 비워냈다. 그리고 우리의 무력한 내면으로 자신을 확장시켜갔다. 우리를 자기 쪽으로 끌어당겼고, 마침내 우리 안에 남아 있던 마지막 물기까지 모조리 자기 것으로 삼았다.

제29장

헤로의 탑[1]

생플로랑만[2] 어귀에는 허물어진 등대, 혹은 에마뉘엘이 바다의 만을 건널 때 위치 파악의 표지가 되는 난바다 관측용 망루의 폐허가 있었다. 바로 보스포루스 해협에 있는 헤로의 탑이었다. 나는 망루의 폐허에서 좀 떨어진 곳에 가서 앉았다. 폐허에서 쩐 지린내, 쓰레기며 토사물, 달궈진 암벽에서 풍기는 열기, 그리고 어떤 형언할 수 없는 인간 존재의 흔적

---

1) 그리스·로마 신화에 나오는 두 연인의 이야기. 헤로와 레안드로스는 헬레스폰투스 해협을 사이에 두고 이쪽(세스토스)과 저쪽(아비도스)에서 살았다. 매일 밤 레안드로스는 헤엄쳐 해협을 건넜고, 헤로는 그를 위해 탑에 횃불을 밝혔다. 그러던 어느 날 폭풍우가 몰아쳐 횃불이 꺼졌고, 해협을 건너던 레안드로스는 어두운 바다에서 길을 잃고 익사하고 말았다. 연인을 잃은 슬픔을 이기지 못해 헤로도 바다에 몸을 던졌다.
2) 지중해의 프랑스령 코르시카섬의 만.

에서 지독한 냄새가 났기 때문이다. 에마뉘엘은 빛을 발하는 만 속으로 완전히 사라지고 없었다.

박물관. 작가에게는 이상한 단어.

헤로, 한 남자를 사랑하는 한 여자의 이름치고는 이상한 이름. 그 남자는 그녀를 만나려고 매일 밤 탈진의 위험을 무릅쓰고 물결의 흐름을 거슬러 헤엄을 쳐서 바다를 건넌다. 죽음의 위험을 무릅쓰고, 혹은 아마도 죽기 위해서.

*

에마뉘엘, 당신은 이 만에 빠져 죽는 걸 선택했어야 했다.

*

말로[3]의 레안드로스처럼, 세스토스에 왔을 때의 바이런 경[4]처럼 당신은 옷을 벗고, 어둠 속에서 두 팔을 치켜들고, 물로

---

3) Christopher Marlowe(1564~1593): 영국의 극작가. '헤로와 레안드로스'의 이야기를 주제로 작품을 썼다.
4) George Gordon Byron(1788~1824): 영국의 시인, 정치가. 레안드로스가 헬레스폰투스 해협을 헤엄쳐 건너는 이야기의 가능성을 몸소 실증하려고, 다리를 절었던 바이런은 이 해협을 1시간 10분에 헤엄쳐 건넜다고 전해진다.

뛰어들었을 텐데. 그리고 탑 아래서 죽었을 테지.

제30장

베른[1]

나는 그녀가 멋진 친구들을 만나러 베른으로 갈 때 동행하겠다고 약속을 했었다. 델핀 드 캉돌[2]이 내게 그 친구들을 소개해준 적이 있었다. 델핀과 내가 로잔과 프리부르를 거쳐 베른에 갔을 때이다. 에마뉘엘은 자신이 아버지의 죽음을 준비할 당시에 아버지가 보신 마지막 풍경을 보고 싶어 했다. 하지만 그곳에 친척과 가기는 싫고, 그렇다고 혼자 가기도 싫었던 거였다.

---

1) 스위스의 도시.
2) Delphine de Candolle(1968~) : 제네바 독서협회 이사.

*

베른. 하임.[3]

우리의 삶에서 모든 것은 지독하게 단순하다.

*

 우리는 그러지 못했다. 병실에서 그녀가 내게 했던 마지막 말은, 내가 코르시카 해변에서 우리가 끝없이 걷던 이야기를 하고 있을 때였는데, 갑자기 내 손을 잡더니,
 "아 그거, 네, 그리울 거예요!"라는 거였다.
 이 말이 어찌나 열정적이고, 어찌나 생뚱맞은지, 마치 그녀가 그리움이 존재하는 세계로 들어가려는 것처럼 느껴졌다.
 그녀가 아버지를 위해서 했던 것처럼 자신의 화학적 죽음, 자발적 자기 파괴를 계획했었더라도, 그럼에도 불구하고 아쉬움의 땅이. 한 서린 하늘이. 탄식의 바다가 남았으리라.
 나는 울컥 감정이 복받쳤다. 옛날에 나는 분명 사슴이나 토끼였을 것이다. 재빨리 줄행랑을 칠 줄 알았으니까. 나는 몸

---

3) 에마뉘엘의 성姓 '베른하임'을 암시한다.

을 굽혀 양손으로 그녀의 다리를 잡았고, 시트 밖으로 나온 맨 무릎을 끌어안았고, 황급히 병실을 떠났다.

끝없이 이어지는 절차에 그녀를 맡겨두었다. 항암 치료는 그녀를 나른하게 만들었고, 그녀가 자신에게서 거의 사라지게 했다. 주변의 보살핌은 부단하고 나무랄 데 없었다. 하지만 병상에 모여든 지인들 무리는 그녀를 죽음에서 보호하지 못하면서 여러 시간 지치게 만들었다. 고통을 완화시키는 정맥 주사와 약물들로 인해 그녀는 그들을 관리할 능력을 잃었다.

자신이 뽑혀져 나간 그녀는 노예처럼 그곳에 예속되어 있었다.

내 눈에는, 분노가 진정된 그녀가 흡사 사라진 존재 같았다.

그녀가 헤엄을 잘 쳤던가? 아니다. 기세 좋게, 힘차게, 투지 있게 헤엄쳤다. 기원의 조난과 더불어 헤엄쳤다. 그녀는 시기로는 겨울 한복판이며 세계의 중심인 바렌츠해[4]의 바다코끼리였다. 그녀가 돌아와서 엄청나게 숨을 몰아쉴 때면 나는 수건을 내밀었다. 그녀의 입은 분사구였다. 그녀는 몸을 닦는 게 아니라 빡빡 문질러댔다. 마치 여자의 몸이 아니라

---

4) 북극해의 일부. 네덜란드의 탐험가 빌럼 바렌츠의 이름을 딴 명칭.

경주마의 외피인 듯이 말이다. 그녀는 여전히 숨을 헐떡였다. 다시 화장을 하고, 머리를 헝클어뜨리고, 콘택트렌즈를 끼우고, 연필로 아이섀도를 그리고, 입술에 분홍색 립스틱을 바르고, 마침내 자리에서 일어날 때까지도 여전히 숨을 헐떡였다.
"이제 갈까요?"
그녀는 이미 달려 나갔다. 그녀는 부랴부랴 날쌔게 움직였다.

제31장

11월

  나는 11월을 몹시 싫어한다. 11월은 패기 없고, 썩어가고, 무겁게 느껴지고, 위험할뿐더러 거의 한 치 앞도 안 보이는 달이다. 캄캄하지는 않지만 어둡다. 암울해지는 달이다. 떼까마귀 부리처럼 짙고, 칙칙하고, 덕지덕지 더러워진 달이다. 시커먼 경작지에서 들려오는 까마귀의 사나운 울음소리처럼 거슬린다. 11월을 명명하기에 어울릴 만큼 충분히 고약한 말은 있지도 않다. 먹구름이 드리워 희끄무레한 습지에서, 해안가의 안개와 폭우에서 끊임없이 뿜어져 나오는 거품 속에서, 그리고 덤불에, 차양에, 홈통에, 오리나무에 매달린 갈색 눈 뭉치들과 싸락눈 알갱이들 가운데서, 마치 정원이 11월의 우울증에 걸리듯이, 태양이 11월의 우울증에 걸리듯이 나는 해마다 11월의 우울증에 걸린다. 한 해의 마지막처럼 음울한 주제들, 즉 낮게 내려앉은 하늘, 우중충한 무정형의 응결되는 움츠림, 끈질긴 추위, 습기, 콕콕 쑤시는 뼈마디, 더 이상 첼로의 지판을 짚을 수도, 활을 쥘 수도, 케이스 손잡이를 쥘 수조차 없는 손, 도처에서 빠져나가는 생기, 낙화, 쇠퇴, 잔가지 끝에서 시드는 이파리들, 큰 가지 끝에서 고사枯死하는 잔가지들, 밑동에 드리운 이 모든 그림자, 두리뭉실함, 거무스레한 잎사귀, 죽음, 추적추적 내리는 비, 이런 것들을 시시콜콜하게 늘어놓기를 기대하지 마시라. 모든 것이 추락한다. 모든 것이 추락했다. 이번 해〔年〕에서 기대할 것이란 올 한 해의 어둠에 묻힌 죽음뿐이다. 끝장이다.

*

베리 공작의 기도서에 실린 겨울을 묘사한 세밀화는 대낮인데도 밤처럼 보인다.

칠흑 같은 숲에서 농부가 도토리나무에 막대기를 던지자 도토리들이 떨어진다.

여전히 반은 멧돼지인 흑돼지 스무 마리가 허겁지겁 꿀꿀거리며 달려와 나무뿌리를 헤집으며 도토리들을 먹어치운다.

멀리, 아주 멀리, 숲속의 빈터에서 들려오는 사냥꾼의 각적 소리.

한 사냥꾼이 달처럼 노란 사냥용 뿔피리를 치켜든다.

사슴이 쓰러지자, 개 여섯 마리가 달려들어 숨통을 끊어버린다.

나무 밑은 온통 어둡다. 심지어 나무 꼭대기도 정수리 경계선까지 온통 어둡다. 하늘은 짙은 청색이다.

*

바다는 푸르지 않다. 무정형에 무색인 바다는 온갖 형태와 색깔을 되비칠 뿐이다.

바다색이 코발트블루가 되는 것은 우주 공간에서 지구를 보호하고 감싸는 대기층의 푸른빛을 반사할 때뿐이다.

밤에는 바다가 검은색을, 숭고한 깊이를, 별들의 반짝임을 반사한다.

바다는, 만일 **신**의 음악이라는 게 있다면, **신**의 음악이다.

이 함성은 색깔만큼 다채롭다. 아우성치는 부르짖음도 하늘 자체와 그 폭풍우만큼 예측하기 어렵다.

바다는 구름처럼 무정형으로 끊임없이 변하고, 이동하고, 표면에 반사한다.

바다는 형태가 시도되고, 시도되면서, 기대하게 만들었던 최초의 세계보다 더욱 무정형이다.

 바다의 과거는, 바닷가의 과거는, 세상에서 가장 충실한 동시에 가장 폭력적이고, 무한하고, 요원하고, 접근 불가능한 'chose(物)'이다.

 'chose'라고 말할 수 있는가? 그렇다. objet(물체)가 아니므로 'chose'라고 하는 게 옳다. 바다는 끊임없이 회귀하는 사라진 '무엇'이다. 바다는 끊임없이 돌아온다. 끊임없이 삶의 상류에 있다. 되밀려오는 순수한 파도이다.

*

 내가 줄곧 몇 시간씩 함께 걸었던 두 사람은 외조부 샤를 브뤼노[1]와 에마뉘엘 베른하임이다. 알츠하이머에 걸린 외할아버지는 아르덴 숲에서 나와 함께 길을 잃었다. 에마뉘엘 베른하임과는 사하라, 코르시카, 튀니스, 카르타고, 수스, 노르망디의 영불해협 해안, 브르타뉴의 대서양 해안, 포르투갈의 해안, 또한 '모르비앙'[2]이라는 말에 내포된 인상적인 '사해死海'의 해변까지 도처를 누볐다.

---

1) Charles Bruneau(1883~1969): 프랑스의 언어학자, 문법학자, 문헌학자.
2) 브르타뉴어로 '작은 바다'를 뜻하는 프랑스 북서부의 주. Morbihan의 'Mor'는 죽음을 뜻하는 mort와 발음이 같다.

그녀에게 바다는 변모의 원소였다.

그녀는 완전히 **변모되어** 물에서 나왔다.

텅 빈 갯벌에서, 개흙과 해초 속에서 그녀가 죽기 전에도 죽은 후에도 변함없이 아름답고, 끊임없이 더 아름다워지고, 끊임없이 밀려오고, 끊임없이 물러나는 한결같은 바다는 파도의 표면에서 거품을 잡아채어 물보라를 일으켜 내뿜는다. 기다리는 사람의 시선에, 햇빛에 그을리는 버려진 것에게, 낚시꾼에게, 투망질하는 어부에게, 홍합 채취꾼에게, 모든 산책자에게, 거니는 모든 연인에게, 해변길이나 달빛 어린 오솔길에—디나르[3] 해변을 내려다보는 드뷔시에게.[4] 바다의 아름다움에 압도되어 흠칫 멈춰 서는 이 길들은 되밀려오는 파도에 이미 삼켜져 휩쓸린다.

바다는 파도를 **둥글게 말았고**, 파도가 바다를 올라탔고, 돌연 물러났다가 그만큼 재빠르게 지면을 핥으며 되돌아왔다. 흡사 몸을 돌려 맞서는 즉시 싸우고, 맞붙고, 죽이는 멧돼지 같았다. 멧돼지가 더 강력한 에너지일까? 흡사 울타리에 간

---

3) 브르타뉴 지방의 도시.
4) 그는 「바다La mer」라는 곡을 위시하여 바다와 연관되는, 즉 파도, 달빛, 바람 등을 음악으로 표현했다.

혀 눈이 가려진 채 굶주리고 학대받은 황소가 머리를 숙여 뿔을 내밀고 울부짖는 것 같았다. 바다와 **역사**에는 차이가 있는가? 바다의 경우는, 성급한 추락으로 다시 떨어지며 부풀어 오른 파도가 제 무게에 눌려 절벽에 부딪혀 부서지는 것이다. 역사의 경우는 사람에 부딪히는 것이다. 그리되면 백악 절벽에 남는 것, 인간 문명에 남는 것, 그것은 일종의 모래나 재에 불과하다. 그것이 주름지듯 물결치고, 넘실거리고, 솟구치며, 소용돌이치고, 다시 떨어지고, 낙하하며 포개진다. 그것이 쌓이고 무너지고 굴러떨어진다. 휩쓸어간 모든 것을 으깨버리는 거대한 파도는 스러지기에 앞서—심층에는 아무것도 없이 비어 있다는 듯이 소멸하기에 앞서—창졸간의 활기찬 순간에 쇠락한다. 이 심층은, 어두워서 힐끗 아주 잠깐도 볼 수 없는 탓에, 처음에는 거대한 파도를 흡수하는 시간temps의 자연스러운 것으로 보이지만 나중에는 물리적인 것으로 여겨진다. How to see a work of art in total darkness(완전한 어둠 속에서 예술품을 보는 방법). 해안에서는 접근이 불가능한 심층, 역사적 도시의 폐허에 대한 끈질기게 떠오르는 환영 속에서 기억해 내지 못하는 선행성, 이것은 별들 뒤편에 다시 나타나는 어둠, 그 암흑 자체의 심연에서 매일 밤 볼 수 있다. 그리고 이 선행성은 생존자를 내면 깊은 곳에서, 어원적으로, **아연실색하게** 만든다. 어쩌면 그를 **잠들**

게 할 수도 있다. 이 심연은 사이펀의 구멍처럼 빨아들인다. 그러므로 물러나는 동시에 밀려오는 것은 팽이처럼 스스로 회전한다. 그때 토네이도의 축을 이루는 것은 단순히 **눈**〔目〕이다. 이 사이펀siphon이 태풍typhon이다. 카오스Chaos가 최초의 신이라면, 티폰Typhôn은 그리스에 나타난 마지막 신이다. 눈과 구멍은 서로 합쳐진다. 우리는 설명할 수 없는 고대의 거대 동물들에 둘러싸여 있다. 조수潮水는 어떤 부름에 복종하는가? 살육은 어떤 부름에? 라니아케아[5]의 거대한 꼬리는 어떤 추력推力에? 전염병은 어떤 희망에? 성모마리아의 성단聖壇은 어떤 단체에? 아름다운 여름에 떨어지는 열매는 어떤 고통에? 수많은 세기의 상류에 있는, 무수한 해〔年〕와 시간heure의 상류에 있는, 에덴동산의 한복판에서, 하와가 비틀어 딴 사과 혹은 열매는 어떤 매혹에? 하루의 순환에서 시간heure의 행운heur이며, 아름다움의 기회인 정원. 물고기가 자신을 살아 움직이게 하는 물속에서 살 듯이, 변모 속에서 살아가는 꿈은 우리를 어떤 형태의 흔적으로 데려가는가? 새들이 부리를 살짝 벌려 지저귀는 노래는 어떤 부름에 복종하는가? 우리가 입에 올리는 이 유의미한 언어는, 과연 누구에 의

---

[5] 라니아케아Laniakea 초은하단: 태양계와 지구가 포함된 은하가 속한 초은하단이다.

해 펼쳐지고 있는가? 갑자기 깊이를 우주의 저편으로 밀어내는 빛줄기들, 맞바로 바라볼 수조차 없는 태양이 여전히 태우고 있는 이 작고 뜨거운 별의 표면을 떠도는 우리에게 우주의 아찔함을 덜어주는 이 빛의 실타래들은 대체 어떤 부름에 응답하는가?

제32장

탈라사[1]의 날짜들

페렌치 샨도르[2]는 1914년 헝가리 제복 차림으로 주둔지에 있을 당시 『탈라사 Thalassa』를 집필하기 시작했다.

어둠과 태양의 놀이에 관한 책.

아주 단순한 **포르트-다** 놀이[3]는 그저 파도 놀이가 아니다. 가는 것과 되돌아오는 것의 놀이는 단지 조수潮水 놀음이 아

---

1) 일반적으로 '바다'를 의미한다.
2) Ferenczi Sándor(1873~1933): 헝가리의 정신의학자.
3) fort(사라졌다)-da(여기 있다)는 프로이트가 손주의 놀이(혼자 실패를 멀리 던지고 'fort!'라고 외치고, 다시 잡아당겨 손에 쥐면서 'da!'라고 외친다)에서 착안한 공포에 대한 자아보호기제 이론. 어머니(여기서는 아버지)의 사라짐과 돌아옴을 놀이를 통해 반복함으로써 어머니(아버지)의 부재라는 외상적 경험이 불러일으킨 불안을 극복하고, 그것을 상징화함으로써 그 상황을 지배할 수 있게 된다는 것이 일반적 해석이다.

니다. 사라진 것과 다시 나타나는 것의 놀이는 더 이상 낮과 밤의 놀음이 아니었다. 세계의 빛과 고독의 놀이가 전쟁놀이로 변했기 때문이다.

그것은 성인 남자 모두가 열정적으로 헌신했던 대전大戰의 '부재-현존'의 놀이이며, 매료된 조부의 눈앞에서 연약한 원조 샤먼으로서 아주 어린아이가 했던 놀이이기도 하다.

1915년 9월 중순 페렌치는 죄르⁴⁾의 수비대에 있다. 페렌치 산도르가 루바 강변에 설치된 막사에서 세상의 물질, 바다, 생명, 그리고 에로스의 변형들에 관한 대작을 탈고하는 순간에 지크문트 프로이트는 베르히테스가덴⁵⁾을 떠나 함부르크로 가서, 파르칼레 18번지 딸 소피네 집을 방문한다. 프로이트는 한 살 반인 외손자 에른스트가 부재하는 아버지—프랑스 전선에서 싸우고 있는—와 함께 노는 모습을 관찰한다. 프리드리히 니체가 떠오른다. 그 역시 1870년⁶⁾ 프로이센 군복 차림으로 프랑스 전선에 투입되어 메츠의 점령군 주둔지에서 『비극의 탄생』을 집필하고 있었다. 이 전쟁에서 독일은 프랑스에 맞서 매우 **빠르게** 승리를 거두었다.

---

4) 헝가리 북서부에 위치한 도시.
5) 독일 바이에른주의 도시.
6) 프로이센-프랑스 전쟁이 일어난 해. 통일 독일을 이루려는 프로이센 주도의 독일 연방과 이를 저지하려는 프랑스 제2제정 간에 전쟁이 벌어졌다.

함부르크에서 돌아오는 길에, 프로이트와 페렌치는 파파[7]에서 재회하고, 헝가리 숲에서 페렌치가 프로이트(열광하는)에게 『탈라사』의 독일어 초판을 건네준다.

헝가리 군복 차림의 페렌치가 숲 언저리에서 검은 개와 함께 찍은 아름다운 사진이 있다.

2월 23일 어린 에른스트의 아버지 막스 할버슈타트는 심각한 부상을 입었고, 발랑시엔[8]의 병원에 입원했다.

*

바다는 지구라고 불리는 구球 면적의 70퍼센트를 차지한다.

*

내가 보기에 『탈라사』는 정신분석이 만들어낸 가장 아름다운 책이다. 페렌치는 이 에세이를 쓰느라 엄청나게 고생했지만 그렇다고 분량이 많았던 것은 아니다. 게다가 자신이

---

7) 헝가리 베스프렘주의 도시.
8) 프랑스 북부의 도시.

태어난 나라의 언어, 즉 모국어인 헝가리어로 글을 쓴 다음에 프로이트가 읽을 수 있게 자신이 의사로서 사용하는 언어인 독일어로 번역하느라 몹시 어려움을 겪었다. 그리하여 프로이트의 승인을 받아냈다.

왜냐하면 어떤 순간에는 어머니에서 아버지로 넘어갈 필요가 있기 때문이다.

모든 작품은 출판에 앞서 어떤 허가를 기다린다. 그런데 그 허가라는 것이, 사실 곰곰이 생각해보면, 참으로 수수께끼와도 같다.

그런 다음에 그는 1928년 헝가리 부다페스트에서 출간할 최종 판본을 확보하기 위해 아버지 언어에서 어머니 언어로 가는 두번째 고리에서—내가 보기에 더욱 불가사의한 이유로— 다시 독일어에서 헝가리어로 옮겨야 했다. 14년이 지난 후였다.

*

페렌치의 에세이에 흐르는 사변적 직관은 제1차 세계대전이 발발하기 훨씬 전으로 거슬러 올라간다.

하지만 이 간략한 책은 전쟁의 **와중에** 집필되었다. 두 번 쓰였고, 두 번 번역되었다. 즉 제1차 세계대전 두번째 해 동안

네 차례, 네 개의 판본이 생겨났다.

이렇게 해서 전쟁의 **망중한** 속에서 바다가 불가능한 제 **자리**를 찾아냈다.

*

'*Thalassa*'는 프랑스어 제목이다. 꼭 맞아떨어지는, 더없이 숭고한 이 제목은 페렌치의 것이 아니다. '탈라사'라는 단어는 고대 그리스어로 '바다'를 의미한다. 대양은 무엇보다도 포세이돈 신—오디세우스를 미워하여 그가 끝없는 시련을 겪다가 죽기를, 즉 귀환이 불가능하기를 바라는 신—의 영역이다. 그리고 베누스 여신[9]이 물이 줄줄 흐르는 알몸으로 솟아오른 원소이기도 하다. 베누스가 바다 한가운데 떨어진 조부의 생식기—아들 크로노스[10]가 낫으로 베어버린—에서 곧바로 태어났다는 것은 **진리의 여신**보다 더 진실이다.

독일어 제목은 '생식기 이론에 관한 에세이Versuch einer Genitaltheorie'이다. 이 제목으로 제1차 세계대전 후 빈에서 처음으로 출간되었다.

---

9) 로마 신화에 나오는 미와 사랑의 여신으로 그리스 신화의 아프로디테에 해당한다.
10) 제24장 주 12 참조(135쪽)

헝가리어 제목은 좀더 침울해서 '성생활 진화 과정에서의 재앙'이다. 몹시 비극적인 제목으로 거의 서술적이다. 이것이 최종 판본의 제목이다.

한 남자가 삶 이전에 살았던 것과 접촉하고자 했다. 아득한 옛날부터 우리의 내면에 어렴풋이 존재하는 것—우주의 질료와 지상의 생명체 사이의 경계에 있는 것—을 손으로 만져보고 싶었다. 비산술적이고 측정 불가능한 시간의 우연에 접근하고자 했다. 그 시간은 혼魂이 꿈을 기억하기에 앞서, 생각이 사고하기에 앞서, 언어가 말하기에 앞서, 죽음이 기록하기에 앞서, 동물이나 새들의 꿈에서 나타났다.

'잠'이라는 이름을 지닌 이 남자—헝가리어 Sándor는 프랑스어로 샹도르Champ d'or[11]라 발음한다—는 이 어둠 속으로 침투했다. 샨도르는 애초에 헬레스폰투스[12]를 건너고, 페르시아를 가로질러, 인도로 진격해 갠지스 강변까지 갔던 알렉산드로스[13]였다. 그는 시간의 심부에서 옛날jadis을 맞닥뜨렸

---

11) 'Sándor'의 발음은 프랑스어 'champ d'or(황금빛 들판)' 's'endort('잠들다 s'endormir' 동사의 3인칭 단수 형태)'와 동일하다.
12) 에게해와 마르마라해를 잇는 튀르키예의 다르다넬스 해협을 고대 그리스에서 부르던 이름.
13) 페렌치 샨도르의 본명은 프랑켈Fränkel 알렉산더였지만 1880년 아버지가 페렌치라는 성으로 바꾸면서 이름 또한 '샨도르'(영어권의 '알렉산더', 그리스어권의 '알렉산드로스'에 해당)가 되었다.

다. 그리고 과거를 밀어내는, 즉 **역사**, 선사시대, 고생물학, 생물학, 발생학, 화학, 물리학을 밀어내는 추진력의 기원 한가운데서 갑자기 최대한 가깝게 약동에, '충동'에 접근하게 되었다.

그는 파도 속으로 뛰어들었다.

인간세계를 그것에 선행하는 물리적 원천에 통합하거나 환원하려는 욕망은, 페렌치 샨도르가 정신분석을 처음 접한 순간부터 그를 사로잡았다. 그 욕망은 20년간 지속되었다. 처음에는 번개, 즉 감전, 벼락이었다. 그러고 나서 성기 교합에 대한 점점 더 야성적으로―점점 더 순치되지 않는 것으로―변해가는 이론이 그에게 번갈아 영감을 불어넣거나 혐오감을 불러일으킨다. 노골성, 감성이 결여된 난폭성, 수치스러운 폭력성 때문이었다. 그는 자신의 편지에 완곡하게 '불량한 농담'이라고 쓴다. 그것을 프로이트에게 내보인다. 프로이트는 여전히 절친인 그를 즉시 거들고 나서며, 기탄없이 지지하고, **지하실에서 본 광경**을 최선을 다해 덮어준다. 하지만 페렌치 샨도르는 끊임없이 집필을 미루었다. 마침내 타트라산맥[14]에 있는 죄르의 한 주둔지에서 초벌 원고가 작성되었을 때도, 이 에세이를 쓰는 구실이 되었던 전쟁이 출간

---

14) 슬로바키아와 폴란드 국경을 따라 있는 산맥.

을 미루는 핑계로 쓰인다.

사실을 밝히자면, 페렌치는 동료들에게 의사로서의 신망을 잃을까 내심 겁이 났을 뿐 아니라 환자들, 지인들, 동향인들, 부모의 눈에도 수치스럽게 비칠까 염려했던 것이다.

1919년 그는 여론을 살핀다. 강연 형식으로 책을 요약한다.

1922년 그는 한 걸음 더 내딛는다. 베를린에서 온 두 통의 통신문을 받는다.

드디어 전쟁 선포로부터 10년이 지난 1924년, 그는 루비콘 강을 건넌다. 하지만 감히 고국에서 출간하기 전에 우선 오스트리아와 빈에서 독일어로 출간한다.

1928년이 되어서야 몸을 날려 물로 뛰어든다.

*

프로이트는 고고학과 민족학의 도움을 받았다. 페렌치는 더 먼 옛날로 조사를 진척시키고 싶었다.

몸의 수태로 생긴 그 계류용 닻을, 해안에서 가장 멀리, 생명의 원초적 망망대해로 던지기.

유성有性의 육체 안에서 발달하는 매우 불안정하고 유약한 혼을 자연의 **형성물**인 발생론적 혼합물에, 출생에 앞선 삶의 **최면 상태**에, 모든 정지stase, 단계stade, 상태état보다 앞선 대양의 경이로운 감응에, 즉 지상에서 스스로 적응하며 '생명'으로 변하는 물리적 힘의 경이로운 변환에 잠기게 하기.

지구의 지질학에서 생겨난 '인간조건의 자연사'는 그 자체가 **역사**의 형태로 언어를 통해 인간의 시간에 작용하는 통시성보다 더 확실한 과학이다.

고생물학.

왜냐하면 지구의 과거 대부분이 제 안에 다시 삼켜지기 때문이다. 화산─화산의 입─을 매개로 지구는 끊임없이 자신을 집어삼킨다. 스스로의 잔해를 섭취한다. 부스러기가 굳어져 생성된 과거 안에서 자발적으로 자신을 먹어치우고, 망망대해 아래로 완전히 물러난다. 그리고 더욱더 새로워진 마그마에서 과거가 끊임없이 **다시 태어나게** 한다. 이것이 과거가 옛날jadis로 변하는 방식이다. 지구는 제 안에 틀어박히고, 분해되고, 녹고, 끓고, 진흙이 된다. 끓는 진흙은 용암이 되고, 용암은 갑자기 다시 솟구친다. 마치 조상의 잘린 성기에서 태어난 아프로디테가 물을 줄줄 흘리며 물결 표면에서 솟아오르듯이.

마치 변성작용으로 형성된 아주 새로운 아이슬란드가 해수면에 물을 튀기고, 불길과 간헐천을 뿜어내듯이.

마치 조수 한가운데 있는 성인 미셸에게 바쳐진 산[15]에 교회와 예배당과 성벽들이 겹겹이 세워진 다음, 8세기 중에, 마침내 브르타뉴의 하늘 가장 높은 곳에 중재자의 창과 검이 놓여지듯이.

혹은 태어나는 아기가 대기 중에서 울음을 터뜨리는 것처럼 산탄젤로[16]가 작은 이스키아섬의 한쪽 끝을 뚫고 나와, 8세기에, 그곳에 기이한 돔을 건립하듯이.

---

15) 노르망디와 브르타뉴 사이의 작은 바위산 몽생미셸섬.
16) 원문의 San Angelo를 Sant'Angelo(이탈리아 이스키아섬에 100여 미터 도로로 연결된 해변가 언덕의 마을)로 정정함.

제33장

재출수再出水[1]

 앵Ain산[2]에서 흘러내리는 30킬로미터의 발스린Valserine강[3]은 2014년 '야생의 강'이라는 유럽의 인증을 받았다.
 그곳에서 유럽의 신神 몽블랑산이 솟아오르는 모습이 보인다.
 험하게 깎아지른 골짜기를 우렁차게 흐르며 점점 더 거칠어져 가는 경이로운 하안河岸을 우리는 경건하게 살핀다. 그곳은 접근 불가 지역이 되었다. 하지만 멀리서, 아주 멀리서, 사람의 손길이 전혀 닿지 않은, 거의 원초적이고, 거의 온전

---

[1] 지리학 용어로 땅속으로 사라졌던 하천이나 물줄기가 다시 지표로 나타나는 지형 현상.
[2] 쥐라산맥에 속하는 산으로 프랑스 리옹과 스위스 제네바 사이에 있다.
[3] 론강의 지류.

한 공간에서—바람과 비, 그리고 접근을 금지함으로써 그곳을 보호한다고 주장하며, 가능한 한 조용히, 우리 자신에게도 금지된 움직임으로 그 안에 스며드는 우리만 없다면—들려오는 노랫소리가 감지된다.

   강물이 빠진다.

   지리학자들은 강이 땅속으로 파고들며 갑자기 사라지는 구멍들을 **소실 지점**이라 부른다.

   이 구멍들은 죽음을 생각하게 한다.

   다른 이들은 비슷한 현상을 **재출수 지점**이라 부르기도 한다.

*

   어떤 기억이나 상처는 우리 삶의 표면에서 봉합되는 데 수년이 걸린다. 불현듯, 설명할 수 없게, 그것들은 예상치 못한 파도가 덮치듯이 그들을 황폐하게 만든다.

*

   가장 메마른 지역에서는, 산봉우리에서 흩어져 측면으로 흘러내리는 밀운密雲이 4~5개월이 지나 사막 한가운데의 오아시스에서 다시 떠오른다.

*

나는 어둠속에서 나아가며 말했다.

"기억이 떠오를 때면 마음이 상하는 것이 있다.

다시 생각할 때마다 매번 목이 멘다.

그것을 입 밖에 내면, 상황은 더 악화된다. 왜냐하면 고개를 들고, 얼굴을 내밀고, 듣게 될 말을 기다리고, 그 말에 귀 기울이는 사람과 그것을 나누려고 할 때,

고통이거나, 적어도 고통을 배가시키는 거북함이,

그것을 말하는 것을 듣는 두려움이,

그것이 말해진 것을 듣는 두려움이,

그것을 말하는 두려움이 점차 생겨나기 때문이다.

그것은 입술을 떨리게 한다.

목소리가 갈라진다.

말을 멈춘다.

말을 멈추고 비로소 글을 쓰기 시작한다."

제34장

르네상스들

 르네상스인들은 르네상스라는 명칭을 알지 못했다. 르네상스 시대의 이탈리아 문인들은 고대의 저편에서—보스포루스 해협과 비잔티움 항구의 깊은 곳에서—사랑과 바다의 여신이 파도에서 다시 솟아오르는 모습을 보았노라고 매우 특이한 방식으로 단언했다. 그들에게는 베누스가 지상으로 **귀환하는** 것처럼 보였다. **다시 태어나는 여인**Renaissante. 회귀하는 존재인 **유령**Revenante. 게다가 그녀는 알몸으로 귀환했다. 믿을 수 없을 만큼 아름다웠다. **역사**의 이 순간에, 중세의 가장 아름다운 시기에, 매우 과감하고 불가사의한 방식으로, **신**과 **시간**을 분리하려는 사고가 생겨났다. 신도나 수도사, 학자, 번역가, 음악가, 추기경, 화가, 군주 같은 이들의 상당수가 공감하는 일종의 이데올로기는 과거—심지어 그들의 **신**

이 태어나기도 전의 과거—를 복원하여 현재를 변화시키는 데 있었다.

르네상스, 그것은 비시태非時態에 대한 최초의 이론화였다.

미래라는 관념이 시간을 거슬러 현재를 바꾸는 것이 아니다. 현실을 변화시키려면 과거를 바꾸어야 한다.

신의 섭리보다 더 나은 미래의 원천은 바로 행복bonheur의 운heur이다.

하지만 아무것도 찢지 않고 어떻게 **천국의 문**을 다시 열 수 있는가? 어떻게 상처를 다시 터지게 할 수 있는가? 상처는 이미 오래전에 봉합되었는데, 어떻게 외상 처치를 처음부터 다시 할 수 있는가? 부풀어 오른 연약한 두 입술을, 어떻게 한 올 한 올, 한 조각 한 조각, 갈기갈기 찢을 수 있는가?

르네상스인들 가운데 필시 가장 위대했던 **개혁가** 루터의 말이다. "우리 시대는 **묵시록의 부서지는 마지막 봉인**이다."

*

1550년 산골마을 아레초[1] 출신의 화가이자 미켈란젤로의 제자인 바사리[2]가 처음으로 il Rinascimento(르네상스)라는

---

1) 이탈리아 피렌체에서 약 80킬로미터 떨어진 마을.

용어를 사용했다. 이는 가시可視 평면 안에서 공간을 좀더 깊이 있게 드러내는 새로운 방식을 지칭하기 위해서였다.

*

모든 정신적 고통의 신체적 전환은 지나간 시간, 즉 멀리 사라진 시간이 지금 이 순간 몸 안으로 스며드는 능동적 전이이다.

예수 그리스도 이후 16세기에 프랑스의 자크 아미오[3]는 '윤회métempsycose'를 '영혼의 이동transanimation'으로 번역했다.

아시시의 성 프란체스코[4]는 자신의 옛날jadis을 두 손바닥에 받았다. 그리고 그것을 1,200년 후에 자신의 발등에서 발견했다. 마침내 롱기누스 백부장의 쇠창이 눈[雪]과 가시덤불로 뒤덮인 언덕에서 벌거벗은 성인의 옆구리를 찌르기까

---

2) Giorgio Vasari(1511~1574) : 다양한 프레스코화를 제작한 이탈리아 르네상스 시대의 화가.
3) Jacques Amyot(1513~1593) : 프랑스 르네상스 시대의 주교, 학자, 작가 및 번역가.
4) San Francesco d'Assisi(1181/1182~1226) : 이탈리아의 가톨릭 성인이자 프란체스코회의 창설자.

지 1,200년이 걸렸던 것이다.[5]

그는 멀리서 **신**의 **수난**뿐만 아니라 그의 **탄생**도 받아들였다. 구유, 채색된 관절 인형들, 짚, 소, 새끼 나귀를 꾸며낸 것은 성 프란체스코였다. 이런 것들이 그가 죽은 이후의 세기 동안 나폴리 항구를 번창하게 만들었다.

*

마찬가지로 인도의 갠지스 강변에서 배태된 윤회설은 중국의 해안과 인도네시아의 1천여 개의 해안을 따라 일본 열도의 섬들에 접근하는 데 1,200년이 걸렸다. 드디어 1,000년이 넘는 세월이 흘러 후쿠오카 항구에 도착했다.

*

시간의 흐름 속에서 어떤 것들은 다시 나타나지만, 그것들이 그 원형이었던 상태보다 더 새롭거나 현대적인 것은 아니다.

---

[5] 성 프란체스코의 오상五傷(예수가 십자가에 못 박힐 때 양손, 양발, 옆구리에 입은 다섯 상처) 체험에 대한 언급. 예수의 십자가형이 기원후 30년경에 있었으므로, 성 프란체스코의 오상 체험은 그로부터 약 1,200년 후의 일이다.

시간이 모든 참조 대상들 내부의 준거라 하더라도, 시간은 그 무엇과도 결코 동시대적일 수 없다.

충동에는 방향성이 없다.

하늘의 심부에서 일어났던 태초의 내향성 폭발과 마찬가지로 방향성이 없다.

마찬가지로 예측할 수 없다.

현실 le réel은 예측할 수 없는 것이다.

그리고 예측할 수 없는 것이 시간을 규정한다.

*

1878년 9월 에밀 리트레[6]는 단테의 『지옥』[7]을 14세기 프랑스어 운문으로 번역했다. 1879년 초 극심한 좌절감에 빠진 리트레—본명은 '막시밀리앵'이었으나, **공포정치**가 한창일 때 태어나 제정 초기에 '에밀'로 바뀌었다—는 자신이 방금 마친 번역에 다음과 같은 우울한 서문을 덧붙인다. "고대 이탈리아의 시를 프랑스어로 번역한들, 프랑스어 번역 자체도 번역이 필요할 텐데, 무슨 소용이란 말인가?"

---

6) Émile Littré(1801~1881): 프랑스의 사전 편찬자로 기념비적인 『프랑스어 사전』(4권)을 저술했다.
7) 단테의 『신곡』은 세 편(지옥, 연옥, 천국)으로 이루어져 있다.

우리 각자의 삶도 그러하다.

*

마르쿠스 아우렐리우스 황제[8]는 고대 로마 말기에 자신의 저서 『자성록』 제7권에 그리스어로 이렇게 썼다. "거듭 사는 것은 허용된다. 심지어 삶 전체를 다시 사는 것처럼 살아갈 필요가 있다." 혹은 이렇게 번역할 수도 있다. "두 번 사는 것이 가능하다."

즉 글쓰기는 가능하다.

번역하기와 거듭나기가 같은 것이기 때문이다. 이런 것이 분석의 희망이다. 즉 있었던 것을 번역하기, 꺼진 것 아래 살아 있는 것을 거듭나게 하기. 비르질리아노 공원 아래 존재하는 화산.

---

[8] Marcus Aurelius Antoninus(121~180): 로마의 황제이며 후기 스토아학파에 속하는 철학자.

제35장

사랑의 기도서

그[1]는 전투에서 늘 희망도 없고, 결과에 대한 한 치의 오차도 없이 싸웠고, 자신이 벌이고 있는 전쟁[2]에 어떠한 환상도 품지 않았다. 그저 사랑하는 여자들 생각에 충직하게 전쟁에 임했다. 심지어 1652년에는 어찌나 용맹스럽게 싸웠던지 일시적으로 시력을 잃기도 했다. 그의 대담한 행동은 미래가 없는 이상한 짓으로 명백한 자살행위이며 부질없는 고귀함이었다.

가장 아름다운 순간에 멈추게 하고, 무릎 위에 놓고 깨뜨리고, 버들가지 휴지통에 내던지는 레코드판. 이것이 자기 삶

---

[1] 1646년경 주느비에브와 사랑에 빠진 라로슈푸코 공작.
[2] 귀족들이 왕실 권력에 맞서 봉기했던 프롱드의 난(1648~1653). 실패로 끝나 절대왕권이 강화되었다.

에 대한 그 자신의 평이다.

간절한 욕망으로 마음속 깊이 억누르는 기도, 사랑하는 여인 ― 롱그빌의 주느비에브[3] ― 의 부드럽고 섬세한 귓바퀴를 에워싼 공기에 감히 전달하지 못하는 희망, 하지만 그럼에도 입이, 그녀에게로 굽혀지는 몸이 그것을 결행한다.

*

그[4]는 여동생에게 **하느님**이 자신을 부르신 게 아니라 세상에 대한 혐오, 그렇다, 그것이 자신을 밀어냈다고 말했다. 1654년 11월 23~24일 밤, 그는 「요한의 복음서」의 한 페이지를 묵상하다가 ― 그 후에 자신의 수의에 꿰매 두었다 ― 떠나기로 마음먹었다. 1654년 1월 7일 포르루얄데샹[5]으로 떠났고, 2년 전 1월 4일 그곳으로 떠났던 누이동생 자클린과 재회했다. 추위가 그들을 몰아세운다. 오빠와 누이동생은 늘 붙어 다닌다. 그는 우선 뤼인 공작의 보뮈리에성城[6]에 기거했

---

3) 제18장 주 6 참조(101쪽).
4) 블레즈 파스칼.
5) 1204년에 설립된 수도원으로 장세니슴의 온상이었다. 17세기에 파괴되어 지금은 기억과 역사의 장소로 남아 있다.
6) 뤼인 공작(루이샤를 달베르Louis-Charles d'Albert)이 1651년 포르루아얄

다. 그런 다음에 수녀들이 '산'이라 부르는 곳의 정상에 위치한 수도원의 성벽 외곽에 있는 농장 헛간의 방을 거처로 정했다.

*

라로슈푸코는 자신의 절망, 삶과 열렬한 사랑에 반드시 필요한 신중함, 그리고 반드시 필요한 침묵을 부여했다. 비컨스필드[7]의 백작인 벤저민 디즈레일리[8]는 이렇게 말했다. "Never explain, never complain(절대 설명하지 않고, 절대 불평하지 않을 것)." 라로슈푸코는 이렇게 말했다. "변명할수록 우리의 잘못은 커진다." "**역사가로서** 감옥에 처넣어 그 육신을 죽게 하라!" 이 한마디는 칼리스테네스[9]에 대해 알렉산드로스가 선호했던 말이다. 라로슈푸코는 집필은 거의 하지 않았지만, 줄곧 글쓰기에 도취되어 글을 썼다. 그는 가장 고귀하

수도원 인근에 지은 성. 장세니스트 학자와 지식인들의 집합지였다.
7) 잉글랜드의 도시.
8) Benjamin Disraeli(1804~1881): 영국의 정치가이며 소설가로 두 차례 총리직을 역임했다.
9) Callisthenes(B.C. 360?~B.C. 327?): 아리스토텔레스의 조카인 고대 그리스의 역사가. 알렉산드로스 대왕이 요구하는 궁중 의례(알렉산드로스에게 무릎을 꿇어야 하는)를 거부하여 처형되었다는 설과 투옥되었다는 설이 있다.

고, 가장 복잡하고, 가장 까다롭고, 가장 용감한 여인들을 좋아했다. 프랑스 역사가 시작된 이후로—842년 2월 14일 금요일 니타르[10]가 일Ⅲ강을 따라 펼쳐진 스트라스부르 평원에 있었던 이래로— 그는 자신이 태어난 조국의 언어에 가장 아름다운 입지를 마련해주었다. 그는 마야의 베일[11]을 위에서 아래로 확실하게 찢어버렸다. 라로슈푸코와 에스프리[12]를 고취시킨 체계적 열기는 19세기 후반에 쇼펜하우어에게, 그 후에 니체에게, 그러고 나서 프로이트에게 이어지게 된다.

*

그토록 맹렬한 열기의 드문 사례가 있다. 루크레티우스[13]의 시로 변형된 에피쿠로스[14]의 체계. 일본의 선禪 버전으로

---

10) Nithard(795~844): 샤를마뉴 대제의 외손자로 프랑크의 역사가. 당시 궁정 사관이었던 니타르가 '스트라스부르 조약'의 내용을 최초로 프랑스어로 기록한다. 키냐르의 『눈물들』 참조.
11) '마야'는 산스크리트어로 '망상' 혹은 '환상'을 뜻하는 말로, 쇼펜하우어가 『의지와 표상으로서의 세계』에서 현상을 '마야의 베일'로 설명한 바 있다.
12) 제17장 주 11 참조(94쪽).
13) 제42장 주 1 참조(261쪽).
14) Epicuros(B.C. 341~B.C. 270): 고대 그리스의 철학자로 에피쿠로스학파의 창시자.

변형된 불교의 우화들. 베르그송 버전으로 변형되어 고상해졌다가, 하이데거가 다시 취함으로써 침울해진 니체의 사상. 프로이트의 동료들과 천재 페렌치에 의해 변형되고, 마침내 멜라니 클라인,[15] 자크 라캉,[16] 마리아 토로크[17]에 의해 끔찍한 버전으로 개편된 프로이트의 체계.

*

열정적으로 시작한 것을 냉정하게 계속해야 하는 경우가 종종 있다. 1646년에 시작된 드 롱그빌 공작 부인인 부르봉의 주느비에브에 대한 그의 사랑은 1649년 1월 28일 밤 그에게 아들을 안겨주었다. 그들은 전투가 한창일 때도, Oui(네)라는 답의 의미로, 녹색으로 제본된 기도서를 주고받았다. 그리고 둘 중 하나는 말을 마구간에 넣었다. 아이게우스가 흰 돛을 보면서 아들이 죽었다고 착각했듯이, 그들도 색깔을 착각했다. 아이게우스는 바다에 몸을 던졌고, 그리하여 이

---

15) Melanie Klein(1882~1960): 영국의 정신분석학자. 아동심리학자로 대상관계이론의 창시자.
16) Jacques Lacan(1901~1981): 프랑스의 정신분석학자. 언어를 통해 욕망을 분석하는 이론을 정립하여 '후기 프로이트주의자'라는 평가를 받는다.
17) Maria Torok(1925~1998): 헝가리계 프랑스의 정신분석학자.

바다의 이름이 되었다.[18]

1651년 그는 르아브르 항구에서 바다를 마주하고 서 있다. 프로베르거[19]가 「미래의 내 죽음에 대한 묵상」을 작곡한다.

1652년 7월 포부르생탕투안의 전선에서 한쪽 눈에 부상을 입은 라로슈푸코는 시력을 잃는다. 블랑슈로슈는 이듬해 죽는다. 그는 마담 드 라파예트[20]를 만난다. 잃었던 시력을 되찾는다. 마담 드 라파예트(그보다 스물한 살 연하인)에 대한 사랑은 1655년이 되어서야 비로소 싹트고, 자라고, 본격적으로 불타오른다. 그녀는 오귀스탱 부두[21]에 정박된 공작의 부대

---

18) 아이게우스는 아들 테세우스가 미노타우로스를 처치하려고 크레타섬으로 떠날 때, 아들에게 성공하여 돌아올 때는 배에 흰 돛을 달고, 실패했을 때는 검은 돛을 달고 오도록 당부했다. 미노타우로스를 처치하고 아리아드네의 도움으로 무사히 미궁을 빠져나온 테세우스는 아버지와의 약속을 잊고 검은 돛을 단 채 항구로 들어왔다. 아들에게 변고가 생겼다고 오인한 아버지는 절망한 끝에 바다에 빠져 죽었다. 그 후로 이 바다를 아이게우스해라고 부르게 되었고, 이것이 오늘날의 에게해가 되었다고 전해진다. (전설에서는 아들이 색깔을 착각하는 반면, 키냐르 버전에서는 아버지가 색깔을 착각하는 것으로 나온다.)
19) Johann Jakob Froberger(1616~1667): 독일의 바로크 작곡가이자 건반악기 연주의 대가.
20) Marie-Madelaine Pioche de La Vergne, Madame de La Fayette(1634~1693): 프랑스의 소설가.
21) 파리 센 강변의 부두.

소속 곤돌라를 타러 가기 위해 거처에서 나오기를, 문지방을 넘기를, 빛 속으로, 세상 속으로 발을 내딛기를 몹시 꺼렸다. 심지어 연인의 품에 안기고, 그의 두 손에 얼굴을 파묻기 위해서도 그러했다. 그녀는 차라리 그리움으로 고통받고, 먹지 않고, 한 술도 뜨지 않고 눈물을 흘리는 편을 택했다. 하지만 그의 부재는, 단지 그의 존재에 대한 그녀의 두려움 때문이었다. 그것은 그를 떠올리며 눈물을 흘리기보다는 공허 속에서 그를 꿈꾸는 일이었다. 헤어지지도 결합하지도 않는 두 연인 마들렌과 프랑수아는 센 강변에 위치한 뤼드센의 개인 저택에서 만난다.

그는 고독에서 비롯되어 사망에 이르는 고통이 있다고 기록한다.

1670년 공작은 더 이상 걸을 수 없게 된다. 1672년 마담 드 라파예트도 병에 걸려 플뢰리뫼동으로 물러난다. 공작 혼자 뤼드센의 저택에 남는다. 마담 드 세비녜[22]는 딸에게 보내는 편지에 이렇게 쓴다. "그가 엄청난 슬픔에 빠져 있단다."

---

22) Madame de Sévigné(1626~1696): 후작 부인으로 자신의 딸과 유명 작가 및 귀족들과 편지를 주고받으며 서간체 장르를 개척한 프랑스의 문학가.

*

    1675년 1월 1일 마담 드 티앙주[23]는 조카에게 기도서가 아니라 이상한 구유를 새해선물로 주었다. 미니어처 살롱에서 밀랍 채색인형들이 함께, 즉 '숭고한 도당'[24]을 재현하는 전원이 대화를 나누는 장면이었다. 라로슈푸코의 형상은 보쉬에[25] 옆에, 마담 드 라파예트는 덮개를 씌운 아름다운 안락의자에 앉아 있고, 좀 떨어진 곳에 장 라신[26]과 장 드 라퐁텐[27]이 손을 잡고 서 있다. 그들은 아주 나지막한 목소리로 말한다. 마치 테네브레 예배[28]를 드리는 듯하다.

    그러고 나서 그의 어머니가 죽고, 이어서 그의 아들 마르실라크 공이 라인강을 건너다가 중상을 입는다. 그 후 그의 또 다른 아들, 즉 기사 작위의 아들이 마담 드 롱그빌에게서 난 아들과 함께 전사한다. 1679년 4월 15일 그녀가 죽고,

---

23) Madame de Thianges(1633~1693): 프랑스의 귀족으로 마담 드 몽테스팡의 언니이며 티앙주 후작의 부인.
24) 보지라르 거리 마담 드 라파예트의 살롱에 모인 영향력 있는 문학계 인사들을 일컫는다.
25) Jacques-Bégnigne Bossuet(1627~1704): 프랑스의 가톨릭 신학자.
26) Jean Racine(1639~1699): 프랑스의 비극 작가.
27) Jean de La Fontaine(1621~1695): 프랑스의 시인이자 동화 작가.
28) 가톨릭에서 성 고난 주간에 드리는 예배. '테네브레'는 '어둠'을 뜻한다.

1680년 3월 16일 그도 세상을 떠난다.

*

사랑은 생生의 약동에 직접 맞닿아 있는 무無동기의 유일한 동기이다.

사랑은 행운이다.

"누가 자신의 생각만큼 불행한가? 누가 자신의 기대만큼 행복한가?"

우리에게 닥친 치명적 질병의 선고는 갑자기 낙원의 그림자를 경계 짓는다.

*

우리 주변에 드리운 이런 이상한 어둠은 바야흐로 사라질 것을 축성함으로써 오히려 빛나게 한다. 이런 놀랍고 갑작스러운 돋보임은 삶에서 오직 남은 날들을 계산하는 일보다 더 중요하다. 이 카운트다운을 일종의 에덴이라 말할 수 있다는 것이 신기하다. 이 어둠이 그려내는 선은 현실le réel 속에 잃어버린 세계의 경계를 긋는다. 점점 줄어드는 나머지 날들의 기간에 어둠을 드리움으로써, 죽음은 한 장소를, 혹은 최소한 해안을 그 장소로 설정한다. 그곳은 더 이상 건널 수 없는 공간이다. 가장 아름다운 것, 적어도 경험했던 가장 좋아했던 것이 집결되는 곳인 숭고하고 광활한 이 공간 위로 일종의 창백하고 희미한 빛이 솟아오른다. 불현듯 모든 것을 휩쓰는 위협 속에서, 몇몇 풍경은 특별히 하늘에 간구한다. 갑자기 떠나야 할 세계에 겹쳐진 오래전에 사라진 세계를 몸이 간청하는 것일 수 있다. 옛날에 잃어버린 이 세계는 물과 어둠, 느리고 포근한 소리, 맨 처음의 빛들로 이루어진 세계로서, 그 세계를 담고 있던 어머니보다 훨씬 더 광대하다. 어머니는 오래전에 사라져버렸다. 아직 다가오지 않은 것의 어둠에 잠식되지 않은 공간, 이미 도달한 것을 높여 세우지 않은 공간, 이런 곳이야말로 여전히 일종의 항구요, 만灣이요, 안식처havre[29]이다. 생의 마지막 날들에 나는 이 시간들을 한 시간 한 시간 기록하며, 그것들이 저마다의 행복으로 모습을 드러내길 바랄 것이다.

---

[29] havre는 '항구, 안식처'이면서 키냐르의 고향인 항구도시 르아브르Le Havre를 뜻하기도 한다.

제36장

재의 소녀들

 신데렐라는 100년 동안 잠을 잤다.
 침대 위에서 그녀가 한쪽 팔을 움직이고, 손을 펴자 그녀의 영혼이 깨어난다.
 침대 모포 위로 방추가 떨어진다. 팔을 들어 올리고 상반신을 일으키는데, 입은 옷이 먼지로 폭삭 내려앉는다. 침대에서 일어나 앉자 먼지로 변한 옷이 바닥에 쏟아져 흩어지고, 자신의 알몸을 바라보는 사람들 앞에서 그녀는 수치심을 느낀다.
 그녀는 아름답기 그지없는 팔로 젖가슴을 가린다.
 일단 일어서자, 그녀는 다른 손을 오므려 음부를 가린다.
 그리고 두려움에 사로잡힌다.
 이 얼굴들은 누구지?

남자 친구들, 여자 친구들과 부모님은 더 이상 여기 없다. 그들은 왜 없는 거지?

 그녀의 사랑은 어디 있는가? 지금 120세는 족히 되었을 왕자는 오래전에 죽어 숲의 덤불 속에 묻혔다. 멋지게 마구를 갖춘 말들은 하나같이 나뭇잎들 속에 뼈만 남았다. 매들도 모조리 하늘에서 사라졌다. 녀석들이 돌아와 앉곤 하던 장갑은 누더기로 변해 발받침 위에 놓여 있다. 사랑했던 개들이 그녀 발밑에서 한숨을 쉬며 몸을 웅크리지도, 애정을 표현하느라 종아리에 머리를 들이미는 일도 없었다.

 그녀는 머리맡의 크리스털 잔을 집어 든다. 포도주 맛이 시큼하다.

 이제 난로 안의 장작들은 칙칙한 색깔의 보드라운 모래에 불과하다.

 풍습이며 취향, 음식, 지식이 변화했다. 그녀는 더 이상 아무것도 알 수 없다. 그녀는 스무 살짜리 자신의 몸에 조상의, 너무도 까마득한 조상의 영혼이 있다는 사실을 받아들이기 괴로워 눈물을 펑펑 쏟았다.

*

 우리가 비행기를 탈 때도 이런 **시간의 거북함**이 약간 있다.

무엇인가가 시간 내부에서 지속을 촉진한다.

살아 있는 몸 안의 생명은, 호흡에서, 심장의 규칙적 박동에서 시간 자체의 가속을 견디지 못한다. 우리가 비행기로 장거리 여행을 할 때 겪는, 장거리 여행의 우울증이기도 한, '시간의 질환'을 영어로 jet lag(시차증)라고 한다.

*

돌아오지만 실제로는 돌아오지 않는 이 떠남을 그림으로 표현할 수 있을까?

결코 진정시킬 수 없고, 죽음이 임박할수록 더욱 증대되는 기다림에 가시적 형태를 부여할 수 있을까?

모래시계, 양초, 두개골, 과일, 나비, '시간의 언어,' —*horologe*[1]— 해시계와 그 강철 바늘 끝이 가리키는 그림자, 회중시계와 반짝이는 그 사슬, 물이 똑똑 떨어지는 물시계, 이런 것들은 그릴 수 있다.

낫을 잡고 건초를 베는 남자, 즉 *fenisex*[2]는 그릴 수 있다.

---

[1] '시계'를 뜻하는 프랑스어 고어.
[2] foin(건초)+sexe(성)의 합성으로 보이는 신조어. 낫으로 건초를 베는 남성의 모습을 통해 자연의 생명력, 노동, 생식, 혹은 인간 존재의 본질적 리듬을 상징하는 듯하다.

사투르누스가 아이의 한쪽 다리를 잡고, 아이가 비명을 지르며 몸부림치는 동안 한껏 드러낸 이빨로 아이의 목덜미를 물어뜯어 잡아먹는 모습은 그릴 수 있다.

하지만 이것은 시간을 그리는 게 아니다. 밀려드는 시간의 외부에 남아 있는 시간의 상징을 그리는 것이다.

시간의 용기contenant는 어떤 내용물contenu을 담고 있는가contient?

공간이 담긴 시간에는 용기容器가 없다.

*

지구의 금속 심장에 위치한 단단한 알갱이는 1936년부터이다.[3]

*

이런 의미에서 이 세계에 대해—지구상에 사는 모든 피조물에 대해, 이곳에서 우리가 욕망하는 모든 존재에 대해, 필

---

3) 1936년 잉에 레만(덴마크의 지진학자)은 지구의 내핵(지표 아래 5,100킬로미터 지점에서 지구 중심인 6,400킬로미터 지점까지)을 발견하고, 그곳에 철과 니켈로 구성된 내부 물질이 있음을 밝혀냈다.

멸하는 모든 존재에 대해, 이곳에 펼쳐지는 모든 풍경에 대해——'비-현존non-présence'이 지배 조건이라고 말할 수는 없다. 좀더 정확히 말해야 한다. **'비-동시성**non-contemporanéité'이 지배 원리이다. 마찬가지로 인간 언어의 동사 양태modalités verbales[4]에 대한 준거점은 울부짖음, 숨결, 바람 등으로 언어보다 수만 년 앞서 있다. '비-공존inconcomitance'은 동일한 체계 내부는 물론, 태양권이라는 경이로운 기포[5]의 내부를 비롯해 도처에 퍼져 있다. 이것은 또한 모든 문명이 단순한 사회와 다른 궤적을 걷는 이유이다. 문명은 이전의, 다른, 희생된, 죽은 언어를 의례화하고, 그것을 숭배하며, 그 언어로 이루어진 문자 체계를 통해 현재 통용되는 구어를 기록하는 데 사용한다. 언제나 *jà*[6]는 밤의 **카오스** 안에 *dies*(낮)[7]를 지니고 있다. 언제나 il *était* 'une' *fois*('한' **번 있었다**)[8]는 어느 신화에

---

4) 화자의 태도나 발화를 통해 드러나는 가능성, 의무, 추측, 의지 등을 표현하는 문법적 형식(예: ~할 수 있다, ~해야 한다, ~일지도 모른다 등).
5) 천문학 및 행성공학 용어로 '태양권'은 태양의 영향력이 미치는 공간, 즉 태양풍이 미치는 태양 주변부로서 일종의 거대한 거품 같은 공간을 형성하고 있다.
6) jadis(옛날)를 *ja*('이미, 항상'을 뜻하는 중세 프랑스어)와 *dis*(=dies, 날 혹은 낮의 의미인 라틴어)로 나누고 있다.
7) *nox*(밤)와 반대되는 밝은 낮을 의미한다.
8) '옛날 옛적에'라는 의미의 축자적 번역.

나 등장하는 것으로 신화를 제작하는 것이다. 하지만 정확히 'une(한)' 번뿐이다. 이 'fois(번)'는 시간이 수락한 현재로 머무는 행운을 결코 지니지 못한다. 언제나 jadis(옛날)는 회귀하는revenant 것의 모습으로 느닷없이 출현하는 형태를 취하는데, 어머니의 자궁낭 내부에서조차도 그러하다. 이러한 밤들의 기이한 춘(추)분. 언제나 꿈은 꿈꾸는 몸을 일으켜 세운다. 그로 인해 아포리아, 곧 Jadis(옛날)의 본질적 특성이 발생한다. **아버지**는 어떻게 현실에 확고한 기반을 마련하는가? 그는 거기에 이르지 못한다. 아버지는 결코 없다. 부재하는 조상을 마주한 아들이 있을 뿐이다. 이 부재는 태어나는 가장 어린 존재의 눈에 나타나고자 하면서도 전혀 모습을 드러내지 못한다.

   그리고 바로 이러한 특성——**부재가 드러나지 못한다**——이 죽음을 규정한다.

*

   달은 지구가 보지 못하는 어느 태양un soleil에게서 창백하고 숭고한 색을 빌려온다.

제37장

시詩

 황소는 30년을 사는데 개구리도 그렇다.
 거북이는 150년을 산다.
 말벌은 5년을 산다.
 철갑상어는 100년, 해면은 15년, 쥐는 3년을 산다.
 인간은 기러기—혹은 백조—와 부쇼 홍합[1] 사이에 위치한다.
 사자—자연의 왕—는 33년 이상을 살지 못하고, 비둘기는 35년을 살고, 독수리는 120년을 산다. 우리는 올라간다. 시간과 수명의 사다리에서 더 높이.

---

1) 프랑스 노르망디와 브르타뉴 지역에서 나무 말뚝bouchot에 부착시켜 양식하는 홍합.

*

1879년 여덟 살 마리아는 고개를 쳐들어 머리를 부딪치고, 천장을 바라보며, 손을 들고 이렇게 외쳤다.

"Mira, papa! Bueyes!(봐요, 아빠! 소들이야!)"

알타미라 동굴의 벽화가 나타났지만 확신하는 데 여러 해가 걸렸다.

동굴 예술은 인간의 어두운 동굴처럼 거무스레한 두개골 공간에 아주 최근에 나타난 것이다.

*

아서왕은 한 번도 수국을 본 적이 없다.

안 드 브르타뉴[2]는 등나무를 알지 못했다.

최초의 마로니에가 파리에 도착했다. 대나무 상자에 넣어져, 정사각형 돛 네 개가 달린 쾌속범선 선미船尾에 실려 소아시아에서 운송된 것이었다. 선원 네 명이 그것을 소 두 마리가 끄는 수레에 실어 르아브르 항구로 운반해 포도 위에 내려

---

[2] Anne de Bretagne(1477~1514) : 프랑스 국왕 샤를 8세의 왕비였다가, 그가 사망하자 뒤를 이어 즉위한 루이 12세와 재혼하여 두 번이나 프랑스 왕비가 되었다.

놓는다. 때는 1612년이다.

*

1954년 위구르의 한 샤먼이 염소 가죽 북을 힘차게 두드리기 시작했다.

유르트[3] 앞에 있던 한 여성 민속학자가 짐 가방을 옮겨놓고 즉시 녹음했다.

모스크바로 돌아온 젊은 민속학자는, 녹음 내용을 들었고, 샤먼이 칸실라에게 말하고 있다는 것을 알았다. 샤먼의 말을 전부 녹취했다.

1954년 위구르의 샤먼이 칭기즈 칸 황제의 며느리와 대화를 나누는 중이었다.

샤먼은 한 발로 서서 전속력으로 몸을 회전하기 시작했고, 북을 두드리면서 제식의 주문을 중얼거렸다. "산의 동굴에서 솟구치는 만물, 급류가 되어 흘러내리는 만물, 재생과 회귀가 예정된 만물. 바다에 앞선 물웅덩이, 나무에 앞선 새싹, 사슴에 앞선 새끼, 암벽 위의 폭포, 산속의 동굴, 우리에 관한 모든 것이 땅속에서 다시 솟아오르는도다. 수정水晶의 신

---

3) 중앙아시아 유목민들이 사용하는 이동식 천막집.

들이 어둠 속에 있도다."

그런데 샤먼이 심령의 개안開眼을 위해 필요한 말들을 읊조리고 나자, 갑자기 그녀의 머리가 뒤로 젖혀졌다. 옛날을 기리는 감탄스러운 노래가 입에서 흘러나왔다.

노래하는 자가 누구인지 더 이상 알 수 없었다. 샤먼인지, 왕비인지.

그녀는 죽은 지 750년이 지난 후에 이렇게 흥얼거린다. "나는 아주 늙었어. 이젠 아무것도 몰라. 비틀거리며 이 조상에서 저 조상으로 옮겨 다닐 뿐이지. 성교에서 성교로, 틈에서 틈으로, 균열에서 균열로, 동굴에서 동굴로 소용돌이치며 나아갈 뿐이야. 내가 입에 머금은 맑은 물로 얼굴들에 생기를 불어넣으면서 말이지."

*

1663년 우연히 「트리말키오의 향연」[4]의 원고가 발견되었다. 그러자 므시외 드 생테브르몽은 페트로니우스를 자신의 삶의 영웅으로 만들었다. 그는 이 원고를 번역했고, 출간했

---

4) 고대 로마의 문인이며, 집정관이었던 페트로니우스의 악한소설 『사티리콘』에 나오는 이야기.

다. 그런 다음 시테섬5)에서 도망쳤다. 네로의 명으로 나폴리 만에서 죽임을 당한 페트로니우스처럼 죽지 않기 위해서였다. 그는 디에프6)에 말을 버리고, 해양 바지선을 타고, 영불 해협을 건너, 영국 해안을 따라 항해하다가 헤이스팅스7)에서 하선하고, 다시 템스강을 따라 큰 수상 마차8)를 타고 런던에 도착한다. 그곳에서 40년 이상을 살다가 죽는다.

*

  11척의 선박이 매사추세츠 해안에 접근했다. 선장들 가운데 한 명의 이름이 디킨슨9)이었다. 그는 애머스트10)에 정착한다.

---

5) 프랑스 파리 센강 한가운데의 섬.
6) 프랑스의 센마리팀주의 도시.
7) 잉글랜드의 도시.
8) 강둑에서 말이 줄로 끄는 일종의 여객선.
9) 미국의 여류 시인 에밀리 디킨슨(1830~1886)의 아버지 에드워드 디킨슨.
10) 미국 매사추세츠의 마을.

제38장

1991년 눈 내리는 베르사유궁

관용차가 궁의 왼쪽 날개 건물의 계단을 따라 있는 포도 위에서 완만하게 미끄러지며 멈춰 섰다. 겨울이었다. 나는 조심스럽게 엄청난 폭설 속으로 뚫고 들어갔다. 언제나 그렇듯이—강박적인 사람은 누구나 그렇듯이—일찍 도착했다. 내가 기다리는 사람—권력자는 모두 그렇듯이—은 늦는 모양이었다. 날씨가 매섭게 추웠다. 포석마다 쌓인 눈이 얼어붙었다. 운전기사의 도움으로 궁의 관리인 부스로 이어지는 계단을 올라갔다. 나는 프랑수아 미테랑 덕분에 베르사유궁에서 오페라, 종교음악, 바로크 춤과 연극 페스티벌을 기획할 수 있었다. 끝없이 이어진 복도를 마음대로 돌아다닐 수도 있었다. 나는 달랑 열쇠고리만 들고 빈 홀들을 가로질렀다. 그 당시 인적이 완전히 끊어져 정적이 감도는 드넓은 **거울**의 방[1]에서 나는 어둠이 내려앉는 밖을 내다보았다. 얼어붙은 분수며 앙상한데도 기이하게 눈이 쌓여 허약한 가지들이 부러지려는 나무들이 보였다. 눈 내리는 베르사유가 얼마나 아름다웠는지! 나는 어떤 자연보다도, 어떤 권력의 효과보다도 기다리면서 꾸는 꿈을 선호했다. 문득 궁의 정원을 에워싼 숲에서 멧돼지들이 튀어나올지도 모른다는 생각이 들었다. 이토록 매서운 추위에 몹시 배가 고플 테니까. 혹은 사슴들이 나올 수도. 추위로 경관이 완전히 얼어붙고, 눈〔雪〕 특유의 무성증無聲症으로 사슴들이 불안할 테니까. 이곳은 어디였나? 이때는 언제였나? 눈보라가 엄청나게 휘몰아치는 가운데 지나치게 큰 회랑에서 들릴락 말락 희미한 일본어 말소리가 들리는 것 같았다. 내가 있는 곳이 교토였나? 가쓰라리큐[2]였나? 어둠이 갑자기 그 모든 새하얀 풍경 위로 완전히 내려앉았다. 나는 드넓은 정원을 감싸러 온 어둠을 바라보며 관리인의 의자에 앉았다. 몇 년 전 필리프 보상,[3] 프랑수아즈 상페르망[4]과 함께 우리가 '예배당 성가대 교육원'을 부활시

---

1) 베르사유궁에서 가장 상징적인 방으로 웅장한 바로크 양식의 회랑.
2) 桂離宮: 교토 서쪽 외곽에 있는 17세기 초에 만들어진 일본 황족의 별장.
3) Plilippe Beaussant(1930~2016): 프랑스의 음악학자, 소설가. 바로크 음악 전문가. 바로크 드 베르사유 박물관의 설립자.
4) Françoise Sampermans(1947~): 문학과 사회심리학 전공자로 출판계의

켰던 적이 있다. 예배당 가까이에 '가브리엘의 오페라'[5]가 있었다. 그것은 프랑스에 남은 바로크 시대의 마지막 기계장치 오페라였다. 마리 앙투아네트 왕비와 루이 16세의 결혼 당시의 상태로 고스란히 남았다. 「에우리디케의 노래」를 기보했던 기사 글루크[6]의 손이 여전히 내 손에 닿을 듯싶었다. 사드[7]는 아직 감옥의 벽을 경험하지 못했다.

*

어느 날 나는 무대가 내려다보이는 기계실 안으로 들어갔다가 첫눈에 반해버렸다. 그것은 **공포정치**[8]도, 뒤이은 여러 혁명의 **공포**도 경험하지 않은 세계로 내려가는 거였다. 그것

CEO로 활약하는 '언론계의 슈퍼우먼.'
5) 공식 명칭은 '베르사유 왕립 오페라 극장'이지만 설계자의 이름(앙주자크 가브리엘)을 따서 '가브리엘 극장'이라고도 한다.
6) Christoph Willibald Gluck(1714~1787): 독일의 작곡가. 특히 오페라 「오르페우스와 에우리디케」로 유명하다.
7) Marquis de Sade(1740~1814): '사디즘'이라는 용어로 알려진 프랑스의 작가이며 사상가. 1777년 수감되어 13년간 옥살이를 하고, 1793년에 다시 투옥되었다가 풀려난다. 말년에는 정신병원 독방에 갇혀 생활하다가 74세의 나이로 5년 만에 사망한다.
8) 1793년 9월부터 1794년 7월까지 프랑스 혁명 시기에 이루어진 공포정치.

은 또한 피라네시[9]의 대형 그림 안으로 들어가는 거였다. 눈에 보이지 않아도 상상할 수 있는, 공간 안에 움푹 팬 홀은 르네상스 시대의 대형 쾌속범선의 뒤집힌 선체처럼 설계되었다. 그것은 눈에 드러나 보이는 엄밀한 의미에서의 오페라 홀을 담은 거인의 열린 손바닥이었고, 그저 한 알의 호두였다. 갈색 껍질 속의 **호두 속살**은 두 번의 혁명, 두 번의 제국, 세 번의 프로이센-프랑스 전쟁을 무사히 통과했다. 보물 앞에서 언제나 줄행랑을 칠 수는 없다. 나는 아주 오래전부터 전쟁과 울부짖음, 변성과 죽음 너머의 공간에서 솟아올라 울리는 **회귀하는 목소리의 꿈**을 마음에 품고 있었다. **지옥** 문 앞에 선 시빌레[10]의 목소리, 바위 위에 앉은 사이렌의 목소리, 어린아이의 목소리를 꿈꾸었다. 변형된, 노래된, 노출된, 기보된, 극도로 뽑아낸, 거세된, 적나라한, 급변하는, 눈물을 자아내는 목소리의 꿈. 이것은 모든 예술이 자신만이 전부라고 주장하지 않으면서 합류하는 꿈이었다. 나는 바이로이트[11]에서 바그너가 되는 몽상에는 빠지지 않았다. 하지만 런던에서 스스로 헨델이라 믿었을 것이다. 그리고 언론과 출

---

9) Giovanini Battista Piranesi(1720~1778): 이탈리아의 판화가이며 건축가. 고대 유적을 그린 세밀한 판화들은 신고전주의 건축에 영향을 미쳤다.
10) 그리스 신화를 비롯한 여러 신화에 등장하는 무녀.
11) 바그너 전용 극장이 있는 독일 바이에른주 북부의 도시.

판에서 떠났을 것이다. 책, 대본, 비극, 영화, 노能,[12] 부토舞踏,[13] 발레, 레퀴엠, 오페라를 계속 작곡했을 것이다. 지금 나는 내 삶에서 가장 쓰라렸던 좌절을 떠올리고 있다.[14] 나는 가브리엘이 구상해낸 이 거대한 변형 장치가 다시금 기계장치를 필요로 했던 17세기와 18세기 유럽의 모든 비극 오페라와 모든 희극 발레의 필수 통로가 되리라고 생각했다. 나는 이 새로운 드로트닝홀름 궁전[15]의 베리만[16]이 되었을 것이다. 멜라렌 호수에 지어진 이 작은 궁전은 바로크 양식의 고조高潮와 동시대였던 다른 대륙들에 대해 주장할 수 있었던 정당성보다 만 배나 더 아름답고 십만 배나 더 합법적이었다. 유럽이 하나가 되고자 애쓰고, 마법의 공통화폐를 만들 정도로 통합을 이루게 되면서, 이 도시는 한때 독일의 군주들, 베네치아인들과 오스만 제국의 술탄을 위시해 모든 민족들이 그렇게 여겼던 것처럼 강력한 바로크를 위한 세계적 만남의 장소로 거듭날 것이었다.

---

12) 14세기에 형성된 일본의 전통 가면극.
13) 노와 가부키의 전통을 깨뜨리고 아방가르드의 영향을 받아 1960년대에 탄생한 '어두운 몸의 춤暗黑舞踏'이라 불리는 전위적 무용.
14) 오르가니스트 가문의 소명을 저버린 죄책감을 말하는 것으로 보인다.
15) 스웨덴의 스톡홀름 근교에 있는 왕궁.
16) Ingmar Bergman(1918~2007): 스웨덴의 영화 감독 및 무대 연출가.

베르사유궁의 왕립 오페라는 프랑스 공화국 대통령에게 귀속된 영역이었다. 프랑수아 미테랑은 내가 뷔르템베르크[17]에 바친 소설[18]을 무척 좋아했다. 제2차 세계대전 초에 자신이 독일 남부의 포로수용소에서 여러 차례 탈출했던 기억을 떠올리게 했기 때문이다. 시대의 최전선을 떠나려는 나의 에너지와 모든 집단에 대한 나의 유보적 태도를 그는 전혀 거슬려하지 않았다. 그는 탈주자의 운명을 지녔다. 그 당시 궁의 주인인 장피에르 바블롱[19]도 모든 것이 가능할 듯싶은 이 계획에 일말의 망설임도 없이 즉시 전심전력을 기울였다. 그리하여 박물관이던 것이 옛 군주제의 괄목할 만한 '기계 조작 machination'[20]을 둘러싼 전설을 소생시키게 될 터였다.

전설을 증오한다고 주장한 장자크 루소의 대단한 텍스트들 이후로 갑자기 가루로 변해버린 전설을.

바위며 나무들이 다시 움직이게 될 것이다.

오르페우스[21]의 신호를 받는 즉시 그것들은 발끝으로 뛰어

---

17) 독일 남서부에 있는 주.
18) 『뷔르템베르크의 살롱 Le salon du Wurtemberg』, Gallimard, 1986.
19) Jean-Pierre Babelon(1931~2024): 프랑스의 역사가.
20) '기계의 기능 조작'인 동시에 옛 군주제가 환상과 명성의 기계를 작동시켰음을 인식시키는 '기회(계략)'라는 이중적 의미로 쓰인 단어.
21) 그리스 신화에 나오는 인물로 음악과 시의 화신. 그의 음악은 죽은 아내 에우리디케를 찾아 지하 세계에 내려갈 만큼 강력한 힘을 지녔다.

올라 리드미컬하게 춤을 추게 될 것이다.

수레들이 하늘을 날게 될 것이다.

메데이아[22]는 뒤꿈치를 한 번 굴러 태양에 가 닿을 것이다.

바다는 다시 무대 앞면의 해안에 맹렬한 파도를 일으키게 될 것이다.

거장 음악가의 지휘봉에 따라 궁전이 리듬에 맞춰 무너져 내릴 것이다.

공연은 20세기 말 마침내 자연주의에 종지부를 찍고 상상의 세계로 돌아가게 될 것이다.

나는 손에 마이크를 잡았다. 프랑수아 미테랑 옆에 서 있었는데, 그의 안색은 몹시 창백하고, 심지어 냉철했다. 대머리 옆의 대머리. 나는 여러 사람 앞에 서서 입을 열어야 할 때면 늘 떨렸다.

"어느 시대나, 그것이 살아 있다면, 그 시대의 과거 전체를 재해석하여 새로운 이미지를 도출할 수 있습니다. 일본인들이 노能와 가부키,[23] 제아미,[24] 젠치쿠,[25] 지카마쓰[26]를 소환

---

22) 그리스 신화에 나오는 마녀이며, 태양의 후손으로 알려져 있다. 극적인 마법과 파괴, 복수의 상징으로 자주 등장한다.
23) 가부키歌舞伎는 일본의 전통 예술극으로 무용과 일체가 된 연극이다. '노'와 달리 모든 출연자가 남성이다.

했듯이 이곳에서는 토렐리,[27] 비가라니,[28] 베랭[29]을 소환하게 될 것입니다. 이처럼 바로크 음악 센터가 기계장치를 사용했던 음악과 공연을 발굴하고, 간신히 판독해 출간한 그 악보들을 녹음하면, 그 음반들이 점점 더 많은 애호가를 불러들이고, 그 영화들은 다시 사람들의 마음을 뒤흔들게 될 것입니다. 그리하여 300년이 지난 후에 수백만의 관객이 베르사유로 가는 길에 다시 나서게 될 것이고, 마치 유령처럼, 즉 조상처럼 그들을 기다리는 이 모든 노래며 설교, 추도사, 테네브레 독서곡,[30] 무언극을 만나러 돌아올 테지요. 이처럼 오

---

24) 世阿弥(1363?~1443?): 전통 가무극인 '노'를 완성한 예능인으로 연기자이며 많은 작품을 남긴 작가이고, 예론서의 저자이다.
25) 제아미의 애제자.
26) 近松門左衛門(1653~1724): 에도 시대를 대표하는 닌교조루리人形淨瑠璃, 가부키 극작가.
27) Giacomo Torelli(1608~1678): 이탈리아의 무대 디자이너, 풍경화가, 엔지니어 및 건축가. 마자랭 추기경의 의뢰로 1646~47년에 팔레루아얄 극장에 장면 전환을 위한 기계장치를 설계해서 극장을 리모델링했다. 그의 작업(특수효과를 위한 기계 디자인)은 조각되어 17세기 중반 세트 디자인의 가장 완전한 기록으로 남아 있다.
28) Gaspare Vigarani(1588?~1663?): 이탈리아의 건축가.
29) Jean Bérain(1640?~1711): 프랑스의 장식 디자이너이며 화가로 1674년에는 왕실 전속 디자이너로 활동했다. 몰리에르의 연극 무대도 디자인했다.
30) 테네브레 전례에서 사용되는 음악 장르로, 17~18세기 초까지 프랑스 바로크를 중심으로 성행했다. 이제는 사라졌거나 그 중요성이 줄어들었다.

페라와 구슬픈 애가, 황당하고 엄숙한 안무, 바로크 비극의 애호가라면 누구나 일생에 한번쯤은 이 장소에 가보고 싶다는 욕망에 점차 마음이 동하게 될 것입니다. 이곳의 무대 상부에는 수 세기 동안 사장되었던 세상에 남은 가장 크고 가장 경이로운 '꿈꾸게 하는 기계'가 있으니까요."

언론이 압박했고, 숨통을 조였다.

은빛 비늘에 뒤덮인 고래가 사금砂金이 가득한 눈을 반짝이면서 안드로메다를 통째로 집어삼켰다.[31]

해치가 하나 둘씩 차례로, 삐걱거리는 소리조차 없이, 동시에 모조리 열렸다. 도시, 도道, 지역, 발루아 거리,[32] 마티뇽,[33] 바로크 음악 센터, 그들 모두가 일제히 등을 돌렸다. 오직 미테랑, 바블롱, 나, 이렇게 세 사람만 언제나, 그리고 여전히 원했다. 재무부가 조사에 나섰다. 베르시[34]는 나를 심문했다. 나는 황급히 이사회를 소집하며 내심 반색했다. 나는 간결하게 선언했다. "페스티벌을 해산하고 저도 사임합니

---

31) 상상력이 가득한 이 프로젝트를 안드로메다에, 금전적 이해타산이 먼저인 반대 진영을 바다 괴물에 비유했다. (참고로 그리스 신화에 나오는 에티오피아의 안드로메다 공주는 바다 괴물에 바쳐져 해변의 바위에 쇠사슬로 묶였다가 구출된다.)
32) 프랑스 문화부 소재지.
33) 파리 7구에 있는 프랑스 총리의 공식 관저.
34) 프랑스 재무부 소재지.

다." 이 일을 기화로 나는 '바로크 음악 센터'에서 물러났다. 그 참에 조르디 사발[35]과 함께하던 '콩세르 데 나시옹'의 회장직도 사임했다. 내친 김에 1969년부터 해오던 출판사의 업무를 위시한 공식적 혹은 사회적 모든 책무를, 그것이 무엇이든 간에, 완전히 내려놓았다. 지원금은 1월 20일에 지급되었다. 빚은 2월 16일에 청산되었다. 그 당시의 나는 모든 것에 작별을 고하고 싶은 물결 혹은 열망에 완전히 사로잡혀 있었다.

*

그러나 이 페스티벌을 주재했던 생각은 미친 짓이 아니었다. 나는 내가 오래도록 품어왔던 프로젝트를 여전히 믿고 있으며, 비록 실패로 끝났지만, 그것이 오늘날에도 가능하다고 믿는다. 일차적으로 바로크 음악 센터를 창립함으로써 궁정 전용의 귀한 보물인 바로크 건축물에 궁정의 음악적인, 유희적인, 구경거리가 될 만한 감동적이고 호화로운 온갖 즐거움을 결합시켰다. 두번째 단계에서는, 가브리엘 천사[36]가

---

35) Jordi Savall(1941~): 카탈루냐의 지휘자, 비올 연주자이며 작곡가.
36) Ange-Jacques Gabriel(1698~1782): 프랑스 왕 루이 15세의 주요 건축가. 베르사유궁과 오페라 극장은 그의 작품이다. 작가는 그의 이름에서 Jacques

설계한 기계식 톱니바퀴 장치와 그 변형들이 복원된 홀 덕분에 기계장치를 활용한 오페라와 발레와 연극을 추가시켰다. 세번째 단계에서는, 베르사유의 예배당과 교회들에, 베르사유의 노트르담 성당에, 생루이 대성당에 웅변술뿐만 아니라 특히 테네브레 예배를 다시 도입하고 싶었다. 그것은 내가 보기에 프랑스 바로크의 본질을 형성하는 것이었다.

보쉬에[37]의 언어만큼 쿠프랭[38]의 음악도.

불 꺼진 중앙 홀에서 경이로운 아라베스크 문양과 답창이 메아리치는 동안 글자 모양의 초가 타들어가 한 글자씩 차례로 꺼진다. 종소리는 더 이상 울리지 않는다. 조각상들은 보라색 베일에 덮여 있다. 예레미야[39]는 기원전 586년 네부카드네자르 2세[40] 군대의 공격으로 폐허가 된 예루살렘을 애도한다.

장 드 라퐁텐은, 신앙심이 거의 없었는데도, 금요일의 테네브레 예배에 항상 라신과 동행했다. 라신 옆에서 무릎을

를 빼고 Ange Gabriel(가브리엘 천사)로 만들어 부르고 있다.
37) 제35장 주 25 참조(215쪽).
38) François Couperin(1668~1733): 프랑스의 작곡가이자 오르간 연주자.
39) 고대 이스라엘의 예언자. 예언의 대부분이 시의 형태로「예레미야서」에 남아 있다.
40) 신바빌로니아 제국(바빌론 제10왕조)의 제2대 왕으로 정복 군주이자 전성기를 펼친 명군이다. '느부갓네살'이라고도 한다.

끓고 눈물을 흘렸다. 죽은 신의 죽음을 애도했다. 테네브레가 순수 상태의 아름다움이라고 느꼈다. 프랑스의 '노能'는 테네브레였다.

제39장

1640년대

 1979년에 쓴 말이다. "내 책이 1640년에 읽히길 바란다." 이 말이 잡지에서 제목으로 쓰였다. 이 말로 나는 당시에 쓰고 있던 8권의 『소론집』을 될 수 있는 한 옹호했다.

 몇몇 허구, 불가사의한 어원, 자전적 단장, 짤막한 에세이, 모두가 이 시기(1640) 주변에서 어슬렁거렸다. 뭔지 모를 무엇이 실제로 내 삶의 기반에 구축된, 혹은 아무것도 구축되지 않은 때이다. 이 시기가, 처음에는, 그저 완전히 폐허가 된 르아브르의 프랑수아 1세 남자고등학교 부속 초등학교 때의 추억으로 여겨졌다. 우리는 가건물에서 공부했다. 나는 미군 항공기에 폭격당한 예배당의 복사服事였다. 다음 수업을 위해 암기해야 했던 녹색 역사책 오른쪽 하단에 굵은 글씨로 쓰인 개요에 이 연도가 적혀 있었다. 바로 이 문장이다.

"1640년 프랑스에서 최초의 루이 금화가 제조되었다." 상상의 하늘에 뚫린 블랙홀처럼 이 해가 모든 몽상을 집결시켜 빨아들이기 시작했다.

*

사람들이 좌중에서 나와 어둠을 맞바로 바라보는 것은 비단 일본에서만 있는 일은 아니다.

*

1640년은 루이 금화 말고도, 루뱅[1]이라는 도시에서 이프르[2]의 주교가 얀세니우스라는 이름으로 서명한 『성 아우구스티누스』를 출간한 해였다.

코르넬리우스 얀선[3]은 생시랑 수도원장[4]의 동문으로 막역

---

1) 벨기에 브뤼셀 남동쪽에 있는 도시.
2) 벨기에 서부의 도시.
3) Cornelius Jansen(1585~1638): 네덜란드 신학자. 사후에 출간된 그의 유작 『성 아우구스티누스』는 장세니슴의 기원을 이룩하고, '포르루아얄 운동'을 초래하는 계기가 되었다.
4) Saint-Cyran(1581~1643): 본명은 Jean Duvergier de Hauranne이나 생시랑의 수도원장이었으므로 생시랑이라 불린다.

한 평생지기였다.

얀선은 자신의 책이 출간되기 2년 전 페스트가 창궐하던 1638년 5월에 사망했다.

죽은 얀선의 『성 아우구스티누스』는 생시랑 수도원장이 감옥에 있는 동안 출간되었지만, 생시랑 자신의 모욕적이고 고통스러운 죽음 이후에야 비로소 반향을 불러일으켰다.

1640년은 생시랑 수도원장이 투옥된 지 2년차가 시작된 해였다.

리슐리외 추기경은 그에 관해 이렇게 기록했다. "거의 말이 없고 두 눈만 반짝이는 이 사람을 두고 내가 무슨 말을 할 수 있을까. **다만 제방을 무너뜨리는 파도 같은 존재들이 있으면** 이유를 따지기 전에 그들을 성벽 뒤 어딘가에 가둬두는 것이 낫다는 말밖에는."

리슐리외 추기경이 한 이 말은 라로슈푸코 후작의 필치라 해도 손색이 없다.

*

1640년 프랑스는 사부아[5]를 점령했다. 그것이 내가 『부부

---

5) 프랑스 남동부, 이탈리아와 접한 지방의 옛 이름.

의 사랑』⁶⁾을 쓴 이유이다.

1640년 프랑스는 포르투갈의 봉기⁷⁾에 참여했다. 나는 『변경』⁸⁾을 집필했고, 조제 메쿠⁹⁾의 박식한 주석을 곁들여 페드루 타멘¹⁰⁾의 번역본으로 우선 리스본에서 출간했다.

그런 다음 파리 전역에서 격렬한 봉기가 일어나 곳곳에 바리케이드가 설치되고, 프롱드의 난¹¹⁾이 프랑스를 불태운다. 나는 『사랑 바다』¹²⁾를 썼다. 1652년 4월 **대공포**의 시기에 파리 시민들은 도망친다. **화염**에 휩싸인 하루. 라로슈푸코는 포르트생탕투안¹³⁾ 공격에서 한쪽 눈에 부상을 입는다. 그는 캄캄한 방에 틀어박힌 채 괴로운 시간의 물결인 자신의 생각을 그러모은다. 1652년 8월, 므시외 블랑슈로슈¹⁴⁾가 봉장팡 거리의 자기 집 계단에서 뒤로 넘어져 죽자, 그 광경을 목도한

---

6) *L'amour conjugal,* Patrice Trigano, 1994.
7) 포르투갈이 에스파냐를 상대로 벌인 독립전쟁(1640년 12월 1일~1668년 2월 12일).
8) *La frontière*, Éd. Chandeigne, 1992.
9) José Meco(1952~   ): 포르투갈 출신의 예술사학자로 아줄레주(포르투갈 특유의 전통 타일 장식) 연구의 권위자.
10) Pedro Tamen(1934~2021): 포르투갈의 시인이며 번역가.
11) 제35장 주 2 참조(208쪽).
12) *L'amour, la mer*, Gallimard, 2022.
13) 파리의 관문 중 하나.
14) 제17장 주 13 참조(96쪽).

요한 야코프 프로베르거[15]는 즉시 이 황당한 죽음을 애도하는 짧은 추모곡을 작곡한다. 이 추모곡이 최초의 **프랑스 모음곡**이었다. 나는 그들의 것이었던 시간과 우리에게 오는 시간이 동일한 시간처럼 여겨졌다.

*

스트라스부르의 「대단한 허영심」[16]은 스토스코프[17]가 1640년에 그린 작품이다.

*

해 질 녘이 되면 자신이 '로마식 의자'라 이름 붙인 긴 의자에 앉아 휴식을 취하기를 좋아했던 루이 13세는, 1640년, 루브르의 맞은편 벽에 걸린 조르주 드 라투르[18]의 「성 세바스티

---

15) 제35장 주 19 참조(213쪽).
16) 바로크 시대의 알레고리 정물화로 스트라스부르 소재 '노트르담 미술관'에 전시되어 있다.
17) Sebastian Stoskopff(1597~1657) : 알자스 지방의 화가. 독일의 정물화가로 여겨진다.
18) Georges de La Tour(1593~1652) : 프랑스의 화가.

아누스」한 점만 남겨 두고, 자신의 방에 걸린 그림들을 모조리 떼어내게 했다. 그는 나체의 아름다움뿐만 아니라 죽음을 앞둔 사람의 얼굴에서 읽혀지는 밀도 높은 잔잔한 고통이 묘사된 이 그림을 무척 좋아했다.

*

1979년에 쓴 글이 1640년에 읽히기를 바라는 것은, 시간temps에 방향이 없으므로 시간의 방향을 전도시키는 게 아니라, 시간의 방향 설정 관습을 바꾸는 일이었다.

그것은 **역사**에서 가정된, 혹은 잔혹한, 혹은 하찮은, 혹은 미신적 연속성을 근절하는 일이었다.

그것은 과거에도 그랬고 지금도 여전히, 자신의 삶을 시간이 남긴 잊을 수 없는 폐허에 내어주는 일이다.

인용은 파손하기다.

인용의 대상이 되는 것은 모두 파손된다. 그러나 지시대상은 봉인이 풀리고descellé, 안장이 떼어지고désellé, 속박이 해제된다désattelé.

자신의 해방을 노리는 모든 것, 관계를 끊고, 족쇄를 제거하며, 나무 차꼬를 산산조각 내려는 모든 것, 자유를 쟁취하려는 모든 것은 파손된다.

*

나는 부흥하는 유럽의 붕괴에 이어지는 정신적 공허, 즉 단번에 완전히 내전과 종교전쟁에 다시 함몰된 현상을 '1640년'이라 부른다.

*

1640년 9월 7일 데카르트의 다섯 살 된 딸이 아메르스포르트[19]에서 죽었다.

---

19) 네덜란드 위트레흐트주의 도시.

제40장

뜯어낸 시간들

몽테뉴가 쓴 『수상록*Essais*』은 **성 바르톨로메오 축일의 대학살**[1] **분위기**라 부를 수 있다.

그는 이 끔찍한 사건의 자발적 망각에 동참했다. 오늘날 우리가 '부인否認'이라 부르는 것이다. 한 무리의 사람들이 왕에게 충성하기를 바랐다. 자칭 '인문주의자'라는 이들은 성 바르톨로메오 축일의 학살 **날짜**를 파기하기로 결정했다. 그들은 문제를 그렇게 해결했을 뿐 아니라 시간을 두고 점차 문제 자체를 제거하겠노라 선서했다.

---

1) 로마 가톨릭교회 추종자들이 위그노(프랑스 개신교도)를 학살한 사건으로 1572년 성 바르톨로메오 축일인 8월 24일부터 10월까지 지속되었다.

*

1572년 8월 24일 밤.

루브르의 한쪽 날개에 위치한 생제르맹록세루아 성당의 종이 자정을 알리는 것으로 학살 신호를 보낸다.

샤를 9세는 직접 창문을 열고 어둠 속에 화승총을 발사한다.

*

몽테뉴의 연표에서 8월 24일 페이지가 뜯겨나간 이유는 무엇인가? 그 연표는 사실 아버지에게서 받은 '뵈터Beuther'[2]라 불리는 세계 연표이고, 지금은 보르도 시립도서관의 수장고에서 온도 조절장치가 된 깨끗하고 밝고 차가운 공기 속에 보관되어 있다. 누가 그 페이지를 찢었을까? 시간이 찢은 것은 아니었다. 몽테뉴는 왜 손을 댔을까? 몽테뉴는 왜 하루를 뜯어냈을까? 왜 자신의 '나날을 기록한 커다란 시간의 책livre d'heures'에서 **바로 그날**을 뜯어냈을까? 왜 기억했어야 할 유일

---

[2] 연표와 관련이 깊은 독일의 역사학자 Michael Beuther(1522~1587)의 성姓에서 따온 명칭.

한 날을 뜯어냈을까?

*

예전에 베르그송[3])이 그랬듯이 시간과 공간을 근본적으로 **대립시킬** 필요가 있다. 베르그송은 프로이트가 글을 쓰기 시작했던 바로 그 시기에 이러한 대립을 생각했다.

공간, 그것은 **두번째 시간**이다.

공간, 그것은 시간이 내향성 폭발을 일으킨 후에 펼쳐지는 곳이다. 시간이 함몰되는 냉기이다. 광원光源이 꺼진 한줄기 빛이 통과하는 어둠 속에 붕괴된 시간이다. 우리는 그 앞에서 몸을 떨며, 꽃들이 하듯이 눈으로 빛을 찾는다.

첫번째 시간은 물이다. 그런 다음에 우리는 공간으로 추방되어 물과 함께 추락한다.

*

1892년 마르셀 프루스트는 앙리 베르그송과 루이즈 노이

---

3) Henri-Louis Bergson(1859~1941): 프랑스의 철학자, 사회학자. 직관으로 파악되는 생명의 순수 지속으로서의 시간을 창조로 보는 반면, 공간으로 시간을 고정하여 사유하는 과학적 사유를 비판했다.

부르거⁴⁾의 결혼식에서 들러리를 섰다.

1905년 앙리 베르그송은 56세의 나이로 사망한 잔 프루스트 부인⁵⁾의 장례식을 위해 페르라셰즈⁶⁾에 갔다. 울고 있는 마르셀을 다정하게 끌어안고 말없이 입맞춤을 했다.

*

공간은 시간을 **통과했고** 시간으로 흘러나온 시간이다.

공간은 공간이 와해되고, 부스러지고, 확대되기 전에 둥지를 튼 시간이다.

수과瘦果,⁷⁾ 날아다니는 씨앗들.

빠르게 퍼지는 애기똥풀chélidoine 몇 조각을 제비가 물어다 새끼의 눈을 뜨게 한다.⁸⁾

어두운 하늘의 홀씨들.

---

4) 마르셀 프루스트의 외사촌.
5) 마르셀 프루스트의 어머니.
6) 파리 20구에 있는 묘지.
7) 식물의 열매로 씨가 하나이며, 모양이 작고 익어도 잘 터지지 않는다.
8) chélidoine은 '제비'를 뜻하는 고대 그리스어(*kélidon*)와 라틴어(*chelidonium*)에서 유래된 단어로, 이 꽃의 개화와 낙화의 시기가 제비의 도래와 떠남의 시기와 일치하는 우연에 근거해서이다. 제비가 이 풀의 조각들을 물어다 새끼의 눈을 비벼 눈을 뜨게 한다고 전해진다.

베르그송이 끌어안은 것은, 자신이 감히 상상할 수 없었던 '잃어버린 시간'[9]이 아니라, 과거의 정감 어린 몸—자신의 결혼식에 들러리를 섰던 마르셀—이었다. 성장한 그 아이의 양 볼에는 랍비처럼 수염이 나 있었다.

---

[9] 마르셀 프루스트가 쓴 『잃어버린 시간을 찾아서』에 대한 언급.

제41장

장 브뤼노

삐쩍 마르고, 몹시 수척해진 삼촌이 다하우 수용소[1]에서 돌아왔을 때, 시간으로 복귀하기 위해 그에게 필요했던 시간!

그가 돌아오는 데 걸렸던 여러 광년.

*

말라빠진 삼촌은 유년기의 나를 구원했다.

---

[1] 뮌헨 북서쪽에 위치한 나치 독일의 강제수용소.

*

 몹시 마르고, 무척 잘생긴, 수태고지를 전하는 천사처럼 미남인 삼촌은 외할머니의 수형피아노인 황금색 에라르[2] 모서리 옆에 놓인 낮은 안락의자에서 휴식을 취했다.
 다시 필 수 있게 된 담배를 아주 맛있게 빨았다.
 새파란 눈, 동그란 철제 안경.
 연기의 후광에, 그 소용돌이에, 야릇한 나선형 빛에, 연한 적갈색 나무와 펼쳐진 네 손 연주용의 누렇게 바랜 악보 위로 흩어지는 연기에 휩싸인 머리.

*

 젊은 삼촌은 하루 온종일 게걸스럽게 먹었다. 재킷 주머니에서 가운데 알이 박힌 막대 감초 사탕을 끊임없이 꺼냈다.
 축구선수들 사진이 있는 껍질에 싸인 분홍색 추잉 껌들.
 인후 보호용 목캔디들.
 노란 가루가 잔뜩 묻은 갈색 감초 막대기들,[3] 골루아즈 블

---

2) 에라르와 그의 형제가 세운 19세기 최고의 악기 제조사의 명품 피아노.

뢰,[4] 그리고 종이로 된 이탈리아산 작은 성냥갑들, 내게는 그 종이 성냥 한 조각을 떼어내 불을 붙이는 게 허용되었다. 나는 성냥의 마찰 면을 손가락의 살로 세게 문질러 불을 붙였다. 불을 삼촌의 입가로 가져갔다.

*

포로들이 수용소에서 귀환하면, 그들은 돌아온 것일까? 어디서 온 것일까? 어디로 간 것일까? 어떤 시대를 살았던 것일까? 여전히 진짜로 살았던 것일까? 우리는 그들을 바라보았다. 바라보면서 그들을 보는 것이 고통스러웠다. 그것은 눈앞에 보이는 지울 수 없는 시간이었고, 필시 죽음의 무언가가 있었지만 그들은 살아 있었다. 적어도 약간 더 살아 있었다. 그들이 죽지 않고 견뎌냈다는 사실로 고통스러워하는 것을 비난하지 않을 수 없었다. 그들 자신도 저 세상에 남겨 둔 모든 이들과 관련하여 그 사실을 자책했다. 그들은 우리가 **역사**에서 지워버리고 싶었던, 용납할 수 없는 기억으로서 살아 있다는 이유로 비난을 받았다.

3) 감초 뿌리를 말려 막대기 모양으로 만든 것으로, 입버릇 대체용으로 그냥 씹거나 빨아 먹는 용도로 사용되었다.
4) 프랑스 담배 브랜드.

히바쿠샤[5]들.

페스트 환자들.

그들의 존재, 즉 뤼스탱[6]의 그림에서 볼 수 있는 그들의 화신化身에서, 나는 갑자기 우리 삼촌 장의 모습을 발견했다. 다하우 수용소에서 돌아온 삼촌이, 피아노 모서리 옆에 놓인 전기스탠드와 전등갓의 늘어진 술 혹은 두 가지 색으로 엮은 술 장식 아래에서 다시 태어나려고 애쓰는, 그토록 힘들게, 그토록 오랫동안 거듭나려고 애쓰는 과묵한 모습을.

*

2018년 나는 히바쿠샤들을 위해 나가사키의 작은 콘서트홀에서 원폭 투하 이전에 제작된 웅장한 베히슈타인[7] 그랜드 피아노로 연주를 했다.

---

[5] 원래는 제2차 세계대전 말 히로시마와 나가사키에 투하된 원자폭탄의 피해자를 지칭하는 용어지만, 후쿠시마 원전 사고를 위시한 원전 재해의 직접적 희생자를 지칭하기도 한다.
[6] Jean Rustin(1928~2013): 프랑스의 화가. 키냐르의 파리 아파트 거실에도 그의 그림이 한 점 걸려 있다.
[7] 독일의 명품 피아노 브랜드.

*

  그토록 마르고, 그토록 앙상하고, 그토록 수척하고, 그토록 품위 있는 삼촌은 내가 다시 음식을 먹고, 다시 말을 하게 가르치는 데 성공했다.[8] 외할머니는 나를 내 가족에게서 탈출시켜 마리에다비 거리에 있는 당신의 집에 받아주셨다. 삼촌은 나의 현재를 얼마나 흔들어놓았던가!

  현재가 심히 술렁였던 탓에, 겁에 질리고 굶주린 삼촌이 외할머니와 함께 피아노로 연탄곡을 연주하던 네 개의 손이 나를 지켜주었다.

*

  불가능한 무엇이 존재하던 힘겨운 생존으로 인해, 그들은 삶에 무능해진 동시에 삶에 망연자실했다. 다시 살아야 한다는 사실에 질겁했다.

---

[8] 키냐르는 18개월 즈음 언어 습득과 식사를 거부하며 자폐증 증세를 보였다. 그는 외가로 보내졌고, 그곳에서 외삼촌의 기지로 츄파춥스 같은 사탕(감초 막대기일 가능성)을 빨며 겨우 자폐증에서 벗어났다고 한다.

*

그들은 율리시스 같지 않았다. 모항母港으로 돌아오는 선원들 같지 않았다.

자신의 근원으로 다시 녹아드는 기억들 같지 않았다.

잃어버린 자리를 되찾은 자.

실현 불가능한 귀환의 유령들.

그것은 *nostos*[9]가 아니었다. 찢어짐이었다.

찢어진 상처 내부에서 시작되는 새로운 시기였다.

새로운 최초의 시기, 그러므로 종種에 대한 환상(전설과 유토피아), 인본주의(신앙과 진보)의 엄청난 파괴, 수 세기에 걸친 과거 가치의 전달(사어死語, 관습적인 노래, 종교 의례, 학살로 사라진 중소 부족), 인간 경험의 전통과 (핵폭탄과 파괴된 자연의) 터전에서 살아가는 법을 배우는 교육, 이런 것들에 관해서는 완전히 새롭고 단호한 빛.

---

[9] '귀환'을 뜻하는 말로 고대 그리스 문학의 주제였다. 예를 들면 오디세우스가 바다를 떠돌며 우여곡절을 겪은 후에 마침내 귀환하여 자신의 정체성과 지위를 유지 혹은 승격시키는 이야기.

*

 어떤 사람들은 환멸에서 강렬한 쓴맛을 지닌 과격한 기쁨을 경험한다.

 흔히 말하는 "눈에서 비늘이 떨어진다"라는 표현은 야릇하다.

 이 표현은 우리가 오래전에 물고기였음을 암시한다. 사실 우리는 오래전에 물고기였다.

 사도 바울이 다마스쿠스로 가는 길에 낙마했다. 카라바조[10]라는 이름의 화가가 그의 모습을 화폭에 담았다. 뒤로 나동그라져 말의 배 아래 쓰러진 그는, 길에 자욱한 흙먼지 속에서, 출처를 알 수 없는 느닷없는 빛에 눈부셔한다. 눈이 부셔 시력조차 사라진다. 그를 떨어뜨린 말은 도망친다. 흙먼지 속에서 일행이 타르수스[11]의 이 젊은 랍비의 손을 교대로 잡아 다마스쿠스로 이어지는 모래 길에서 그를 인도한다. 바울은 앞을 못 보고, 먹지도 마시지도 않으면서 어두운 방에 사흘간 머문다. 아나니아[12]가 불려왔다. 그곳, **곧은** 거리라는 동네에 사는 유다의 집에서 아나니아가 그에게 손을 얹는다.

---

10) Michelangelo Merisi da Caravaggio(1571~1610): 이탈리아의 화가.
11) 지금의 튀르키예 중남부에 위치한다.
12) 성경의 「사도행전」에 등장하는 예수의 제자.

「사도행전」은 이렇게 덧붙이고 있다. "*Confestim ceciderunt ab oculis ejus tanquam squamae*(즉시 그의 눈에서 비늘 같은 것이 떨어졌다)."

어떤 사람들은 현실 자체가 갑자기 눈앞에서 '무너질tombe' 때 눈에서 비늘들이 '떨어지는tombent' 느낌을 경험하고 싶어 한다.

제42장

루크레티우스[1]

쓰디쓴 깨달음은, 그 아픔 때문에 오히려 애타게 추구되기도 한다.

실망감 아래 숨겨진 "그럴 줄 알았어!"라는 말은 칼을 뽑자 돌연 번뜩이는 칼날과도 같다. 칼끝이 피부에 닿으면 갑자기 칼날이 새롭게 느껴진다. 이 짧고 눈부신 빛이 우리 삶의 조밀하고 무기력한 어둠을 뚫고 작열하는 것은 우리가 원했던 바가 아니다. 이 빛으로 인간 생식生殖의 기원에 대한 수수께끼가 돌연 밝혀진다. 이 빛은 어머니의 예측 불가능한 유기의 증거에서 발원한다. 어머니는 갑자기 우리를 숨 막히는

---

[1] Titus Lucretius Carus(B.C. 99~B.C. 55): 고대 로마의 시인이며 철학자. 『사물의 본성에 대하여』의 저자.

출생으로 밀어냈고, 태양계 항성의 기상천외한 빛의 조사照射에 난폭하게 내던졌다. 이 빛은 우리가 물에서 나오자마자, 울음을 터뜨리자마자, 배고픔과 그리움과 외로움과 욕망을 느끼자마자 죽음에 대한 두려움을 동반한다.

그러면 어머니로부터 출생함으로써 우리에게 야기된 고통에 대해 우리는 억누를 수 없는 엄청난 호기심을 느낀다. 그리고 이 고통이 폐를 찢는 바로 그 순간 우리의 '**눈을 뜨게 한**' 것은 사실이다.

이 애도와 고통이 우리가 틈새에서 나와 대기에 노출되고, 빛의 세계를 발견하며 눈이 멀고, 공포에 떨며 폐호흡을 작동시키는 울부짖음을 토해내며, 빛의 기슭에 진입하는 바로 그 순간, 우리에게 흔적의 낙인을 남기는 것과 마찬가지로, 우리 안의 언어도 이후로 눈부신 광경의 내부에서 그 순간을 기다린다.

언어는 자신이 **전개하는** 사라진 일체성의 애도 안에 오롯이 들어 있다.

빛이 번쩍일 때마다 눈꺼풀이 처음으로 벌려지는 침입의 고통.

청천벽력 같은 불법 침입.

외음부와 양수와 어둠에서 끊임없이 분리되는 상실의 고통, 극도의 의존으로 인한 굴욕.

아무것도 이해할 수 없는 괴로움.

가혹하고 분명한, 발랄하고 불현듯 아연실색하는, 소심한, 겁에 질린, 다시 흥분된, 탐색하는, 추진하는, 또한 조바심으로 인해 노쇠를 알지 못하고 고집으로 인해 의미를 알지 못하는 *infantia*(말 못 하는 존재)의 동물성에 자극된 '첫 유년기'의 고통.

항구적인 불구의 고통은 정체성 자체보다 더 오래간다. 그것은, 두 발로 서기 시작하면서, 즉 걸음마를 떼며 비틀거리는 몸이 비단치마와 어두운 플란넬 속에 감춰진 성sexe에 도달하게 되는 나이에, 사내아이에게서 드러나는 그토록 다르고도 불안정한 성보다도 더 항구적이다.

*

고통으로 인한 고통 ─ 푸념, **고통***douleur*이라는 프랑스어 단어의 근간을 이루는 **애도***deuil* ─ 은 예전에, 이따금, 울음을 터뜨리는 입으로 불러들이곤 했던 젖가슴을 더 이상 목메어 부르지 않는다.

애도는 기다린다. 미친 듯이 기다린다. 사라진 것을.

기원으로 인해 이 고통은 진실보다는 침묵 ─ 침묵의 엄청난 폭식 ─ 에 더욱 이를 악물게 만든다.

*

니느웨로 가기를 거부하는 요나를 집어삼킨 고래와도 같은 침묵.

*

우울한 빛, 눈꺼풀이 저절로 열리는 순간, 비늘들이 작은 껍질처럼 떨어지며 발하는 빛. 걷잡을 수 없는 공포, 절대적 불가해성, 불행을 불러들이는 파렴치, 모든 것의 우연성, 생명 및 생명의 모든 움직임마저 먹어치우는 생존자들의 끝없는 쟁탈전, 이빨 위로 입술을 말아 올리기, 피가 낭자한 송곳니 위로 입술을 말아 올리기, 집단의 징벌 방식인 조롱의 끔찍한 비웃음, 개개인의 소심하고 내성적인 마음속에서 은밀히 연결된 깨달음과 파노라마로 펼쳐지는 장면과 통찰력과 분별력.

*

에피쿠로스와 루크레티우스는 돌연 빛을 상호 방사하며 겹쳐지는 감각들이 뒤섞인 아주 강렬한 이런 느낌을 경험했다. 그들은 불안한 결핍과 정신적 탄생, 그리고 겁에 질린 기쁨이 뒤섞인 상태를 축하했다.

라 보에시[2]와 몽테뉴도 이런 느낌을 경험했다.

쇼펜하우어와 니체도 이런 느낌을 경험했다.

에스프리와 라로슈푸코도 이런 느낌을 경험했다.

*

자크 에스프리[3]는 1611년 10월 22일 베지에[4]에서 태어났다. 아버지는 의사였다. 그는 불그스름한 색채의 풍요로운 도시 툴루즈에서 근무했다. 형 토마 에스프리 사제는 오라토리오 수도회[5] 교단 소속이었다. 형이 동생을 툴루즈에서 파리로 불러들여 소년은 1629년 여름 동안 신학교에 들어간다. 1629년 9월 16일 수련 수도사로 받아들여진다.

하지만 5년 후, 1634년 이 청년은 신학교를 떠나고 성직에

---

2) Étienne de La Boétie(1530~1563): 프랑스의 정치 사상가이자 작가. 몽테뉴의 절친한 친구로 알려져 있다.
3) Jacques Esprit(1611~1677): 프랑스의 도덕가이자 작가. 사제로 서품되지 않았으나 에스프리 사제라고도 불린다.
4) 프랑스 남부 랑그도크 지역의 도시.
5) 지역마다 자율적으로 운영되는 가톨릭의 재속 사제 공동체.

들어가기를 거부한다. 그는 마음속에 자신을 괴롭히는 다른 것을 품고 있었다.

에스프리는 얼굴이 무척 잘생긴 터라 스리지[6]의 수도원장 제르맹 아베르[7]는 이 아이의 아름다운 외모에 매료되었다. 그의 화술은 즉시 엄숙하고 해박해졌다. 그리고 공부를 열정적으로 좋아했다. 제르맹 아베르가 그를 사교계로 이끌었다. 세귀에[8] 총리는 그를 자신의 집에 맞아들여, 자기 딸 옆에 두고, 2천 루브르의 왕실 연금을 받게 해주었다. 게다가 국가 고문 자격증도 따게 하고, 1639년에는 아카데미 프랑세즈 회원에 선출되게 했다.

1644년 에스프리를 영입할 욕심을 품은 다음 차례는 사블레 후작 부인[9]이었다. 그녀는 마드무아젤 드 베르필리에르의 도움으로 그를 롱그빌 공작 부인의 집에 맞아들였다. 그리하여 에스프리는 프롱드의 난 동안 자신의 삶과 공작 부인의 삶을 연관시켰고, 그녀의 연인인 라로슈푸코 공작과 친구가 되

---

6) 프랑스 북부의 도시.
7) Germain Habert(1615~1654) : 프랑스 생비고르의 수도원장이며 시인.
8) Pierre Séguier(1588~1672) : 프랑스의 정치가로 여러 관직(주의원, 파리의 회 의장, 총리 등)을 섭렵한 영향력 있는 권력가.
9) Marquise de Sablé(1598/1599?~1678) : 본명은 Madelaine de Souvré. 프랑스의 철학자이자 작가이며, 사교계의 유력한 살롱리에르.

었다. 1649년 베스트팔렌 평화조약[10]이 체결될 때 롱그빌 부인을 수행해 뮌스터[11]에 갔다. 이듬해 제후들이 풀려나 파리로 돌아오자, 모든 일이 빠르게 진행된다. 그는 자신의 여성 후견인을 본 따 장세니스트가 되고, 공작 부인은 남동생 콩티 공작[12] 휘하에 그의 자리를 마련해주고, 공작은 그를 랑그도크[13]로 데려가고, 그는 갑자기 한 여자와 결혼한다. 여자는 이미 그의 아이를 셋이나 낳은, 그보다 훨씬 젊고 아름다운 주느비에브 볼랭이었다. 결혼을 계기로 콩티 공작은 그에게 4만 리브르를 주고, 마담 드 롱그빌은 5천을 추가로 얹어준다. 그들은 봉장팡 거리에 산다. 그들의 집은 류트 연주자이며 비올 판매자인 므시외 블랑슈로슈의 옆집이다. 두 집의 뒷문은 각기 왕실 정원을 향하고 있다.

1661년 콩티 공작의 아이들을 가르치는 가정교사 에스프리는 페즈나[14]에서 돌아온다. 그리고 마침내 망명에서 돌아와 마담 드 사블레의 살롱으로 복귀한 라로슈푸코와 재회

---

10) 독일의 30년 전쟁(1618~48)을 종식시킨 평화조약. 오스나브뤼크와 뮌스터(각각 1648년 5월 15일과 10월 24일)에서 체결되었다.
11) 독일 북서부의 대도시.
12) Armand de Bourbon(1629~1666): 프랑스 귀족으로 롱그빌 공작 부인의 남동생.
13) 프랑스 남부 지역으로 중심도시는 툴루즈이다.
14) 프랑스 남부 옥시타니 지역의 마을.

한다. 여행이라도 하게 되면, 그들은 즉시 서신을 주고받는다. 1662년 라로슈푸코는 『루이 13세의 죽음에 관한 정부의 음모를 담은 회고록』을 출간한다. 그는 자크 에스프리에게 자신을 마담 드 롱그빌에게 변호해 달라고 간청한다. 옛 연인이 감히 글을 썼다는 사실에 그녀가 분노했기 때문이다. 1663년 『성찰 혹은 금언 그리고 도덕적 잠언』의 해적판이 네덜란드에서 출간된다. 라로슈푸코는 속았다고 느낀다. 에스프리는 배신당했다고 느낀다. 두 사람은 제각기, 온통 모호한 어딘가에, 필시 아무것도 드러나지 않는 어딘가에 상대방의 손이 작용했으리라 여긴다. 상처받은 에스프리는 짐을 꾸린다. 비애와 혐오감으로 가득한 그는 영원히 수도에서 멀리 떠나고, 아카데미 모임에서 사임하고, 자녀들과 주느비에브 에스프리를 데리고 남부의 미디 지역으로 돌아와 살면서 자신의 삶을 기록하는 장황한 책을 마무리하는 데 매진한다. 내용은 지옥과 크게 다를 바 없는 세상에서 사람들이 스스로에게 부여한 상상할 수 있는 모든 미덕의 '거짓'에 관한 것이다. 탈고하는 데 10년이 걸린다. 1673년 자크 에스프리는 마담 드 사블레에게 이렇게 쓴다. "마담, 제가 당신의 책을 파리로 보냈다는 사실을 알려드리지 않는다면, 제가 당신에게 진 빚을 저버렸다고 믿으실 테지요. 제가 '당신의 책'이라고 부르는 이유는 이 책의 존립 이유가 당신에게 일부분 있기 때문입니다. 이 책이 아직 미완성인 상태에서 당신의 승인 덕분에 빛을 보게 되었으니까요." 5년 후, 1678년 7월 6일 자크 에스프리는 66세의 나이로 죽는다. 자신의 책이 파리의 서점들에 배포된 바로 직후 베지에서 사망했다. 그의 책을 구성하는 두 권의 표지를 찍은 시기는 1678년, 표제의 조판은 1677년, 승인은 1674년 5월 24일, 독점권은 6월 1일, 등록은 6월 11일, 인쇄 완료는 10월 12일이었다. 빅토르 쿠쟁[15]은 라로슈푸코가 사고思考에서는 에스프리의 제자였고, 우울한 문체에서는 그의 모방자였다고 주장했다. 생트뵈브[16]는, 이 아카데미 회원이 공작에게 지대한 영향을 끼쳤을지라도, 이 전사戰士는 스스로가 자기 문체의 원천이었다고 생각했다. 책의 문체가 삶의 스타일 및 담력과 전혀 다르지 않았기 때문이다.

---

15) Victor Cousin(1792~1867): 프랑스의 철학자이자 정치인.
16) Charles Augustin Sainte-Beuve(1804~1869): 19세기 프랑스의 비평가.

제43장

암호 코드로서의 문학

 프랑스 역사상 금서 조치는 검열이 에로틱한 책들로 확대되기에 앞서 우선 장세니스트의 서적들에 가해졌다. 그 책들을 반대하는 사회의 거부로부터 즉시 하나의 기능이 생겨났다. 우선은 금서를 규정하는 일이고, 그러고 나서 자유와 박해라는 동일한 아우라를 지닌 책들을 추후에 가리지 않고 한데 그러모으는 일이다. 그리하여 프랑스에 음란한 철학적 공간이 생겨난다. 그곳에서는 언어가 관례보다 더욱 노골적이다. 과격한 논변은, 육체의 흥분이 옷을 벗어던지게 하듯이, 가면을 벗게 만든다. 즉 신이 신비한 '비늘'을 떨어지게 만드는 것과 같은 방식이다. '비늘'은 '눈꺼풀'로서, 우리가 사랑에 취할 때, 감동에 사로잡힐 때, 음악에 몰입할 때, 고통이 덮쳐올 때. 몽상에 잠길 때 저절로 내려와 눈 위로 닫힌다.

17세기에 장세니스트들과 자유사상가들이 선한 감정을 파괴한 것은 각기 다른 방식[1]으로였다.

두 사람은 단 하나의 미덕도 남기지 않기로 결정했다. 그들은 친구였다. 이름은 에스프리와 라로슈푸코였다. 다음 세기에는 라클로[2]와 사드[3]였다. 국가 검열 행정부의 탄생은 **교회의 지상권 체제**[4]와 군주제의 완전히 새로운 권위에 대항해 가해진 욕설과 모욕을 덮기 위한 구실에 불과했다. 므시외 드 아를레[5]는 그들이 각인각색의 '**국가**에 대항하는 집단'이라고 말했다. 자유사상가, 프롱드 당원, 프레시외즈,[6] 장세니스트인 그들은 점점 더 중앙집권화되면서 단 한 사람의 의지에 따르는 권력에 맞서는 동일한 반대 진영을 형성했다.

---

1) 전자는 인간의 타락과 원죄를 강조하며 엄격한 금욕과 은총의 필요성을 강조했고, 후자는 쾌락과 자율을 중시해 종교적 미덕이나 사회의 기존 도덕을 전복하려고 했다.
2) Pierre Choderlos de Laclos(1741~1803): 프랑스의 군인이며 소설가. 『위험한 관계』의 저자.
3) 제38장 주 7 참조(231쪽).
4) 교회가 신과 인간의 매개가 되는 영적 차원과 달리 현실적 차원에서 교회의 지위, 수입, 재산, 권리 등에 관련된 제도 혹은 기구.
5) Christophe de Harlay(1570?~1615): 프랑스의 정치인이자 외교관으로 영국 대사를 역임했다.
6) 17세기 프랑스의 재치 있고 세련된 취향의 문학적 경향인 프레시오지테 présiosité를 구현하는 재치 있고 세련된 귀부인.

이 한 사람은 1653년 어느 겨울날, 즉 1653년 2월 23일, 아직은 초라한 베르사유궁에서 횃불과 춤의 밤을 보낸 다음에 스스로 태양이 되었다고 믿었다. 1660년대 초 파리 부르브 거리의 한 살롱에 그들이 모인다. 프롱드 당원 자유사상가는 프랑수아 드 라로슈푸코, 프레시외즈는 마들렌 드 사블레,[7] 장세니스트는 자크 에스프리다. 이들에게 세 가지 기능이 주어진다. 검劍, 산 자들의 세상과 '이 세상의 죽은 자들'의 세상을 중개하는 분명한 샤먼으로서의 미망인, 그리고 전쟁기계의 형성을 담당하는 새로운 다이달로스[8]인 유식한 '기술자'로 고용된 아카데미 회원으로서의 역할이다. **개혁**, 프롱드의 난, 프레시오지테, 자유주의, 장세니슴은 의례적 코드에, 입장을 강요하는 유형에, 운명을 예속시키는 제도에 순응하지 않는다는 의미에서 상통한다. 문학의 순수 암호문, 그것은 고대 그리스 문학 최초의 저작물로서 헤라클레이토스가 에페수스의 **위대한 여신**의 신전에 봉헌한 『자연에 관하여』이다. 마지막 저작물은 리코프론[9]이 알렉산드리아 도서관 벽

---

7) 제42장 주 9 참조(266쪽).
8) 그리스·로마 신화에서 크레타섬의 미궁을 만든 사람.
9) 기원전 3세기 고대 그리스의 시인. 1474행의 시 『알렉산드라』가 남아 있는데, 그 내용은 트로이의 공주 카산드라(알렉산드라)의 예언(트로이의 멸망)을 왕에게 보고하는 노예의 독백이다.

감에 은밀히 밀어 넣은 비극 『알렉산드라』[10]이다. 다음은 데카르트의 말이다. *"Video ex fenestra pileos et vestes...* (창 너머로 오직 유령들의 뼈와 두개골에 덮인 모자와 외투만 보인다……) *Larvatus prodeo...* (내가 가면을 쓰고 나아가는 이유는 당신들이 그저 가면, 외투, 모자, 가발, 분장, 스카프, 부질없는 불평에 지나지 않기 때문이다.) 자유사상가는 민법상 적법할지라도 자신의 독립성을 해치는 것에는 복종을 거부한다. 프롱드 당원은 폭정의 공포를 야기하고 최초로 유럽의 면모를 갖춘 **국가** 행정부의 자율성을 초래하는 중앙 권력에 복종을 거부한다. 프레시외즈는 여성에게, 사회적 재생산의 예속에, 불충분한 교육에, 조야하거나 단순무식한 언어에 귀속된 전통적 영역에 유폐된 굴욕적 위상에 저항한다. 장세니스트는 개혁주의자가 단호하게 영리적 관행을 파기했듯이 종교적 경험에 관한 로마 규범에서 자신을 확실하게 해방시킨다. 이들 모두가 불복종자이다.

당시에는 '반항자'라고 불렀다.

또한 '프로테스탄트'라고도 했다.

---

10) 그리스 신화에 나오는 프리아모스왕의 딸 카산드라의 별칭. 아폴론이 구애하자 사랑을 받아들이는 조건으로 예언 능력을 부여받는다. 그러나 그녀가 약속을 지키지 않자 화가 난 아폴론은 아무도 그녀의 예언을 믿지 않는 형벌을 내린다.

그래서 블레즈 파스칼이나 피에르 니콜[11]의 글을 가명으로 출간했던 주요 불법 인쇄업자들은 외설적 판화들에 대한 그들의 냉소적 풍자문도 동시에 출간했다. 가장 아름다운 판화는 클로드 멜랑[12]의 것으로—완성할 마음이 없었던 듯한—「쥐덫」이다. 이것은 베누스 여신처럼 아름다운 여인의 자궁을 꿈꾸는 작품으로, 남자들로 하여금 무한한 탐험뿐만 아니라 구속과 끝없는 어둠에 빠져들게 만든다. 게다가 이런 외설적 이야기는 본래의 동일한 저주를 드러내고, 예술이라는 명목으로 은폐하면서 관습, 계약, 가족, 다양한 종교 계율의 준수, 절대주의, 완전히 새로운 고전주의, 도시국가가 교대로 가혹하게 다루는 동일한 '본성' 또한 드러낸다. 정치적 이반, 과학적 투쟁, 종교를 문제 삼기, 정신적 자유가 르네 데카르트보다 샤를 드 생테브르몽에게서, 블레즈 파스칼보다 바뤼흐 스피노자에게서 더 뚜렷하게 드러나지는 않는다.

*

그들 모두가 알고 있다. 런던을 떠나 파리와 센 강변으로

---

11) Pierre Nicole(1625~1695): 프랑스의 신학자, 도덕주의자, 논리학자, 논쟁가로 장세니슴에서 가장 저명한 사람 중 한 사람이다.
12) Claude Mellan(1598~1688): 프랑스의 제도가, 조각가, 화가.

간 홉스처럼, 파리에서 달아나 런던행 배를 타고 템스 강변으로 간 생테브르몽처럼, 스톡홀름과 보스니아만의 섬들을 더 좋아했던 데카르트처럼, 왕의 명령으로 성城이 완전히 파괴된 베르퇴유Vertœil[13]로 유배된 라로슈푸코처럼 그들 모두가 알고 있다. 페로가 나중에 '푸른 수염'이라 부르게 될 전형적인 봉건 귀족처럼, 그들은 열쇠clé에 방금 흘린 핏자국이 있으며, 핵심clé은 단순히 마르지 않는 피와 승화될 수 없는 야만성에 있다는 사실을 말이다. 또한 사회의 비밀은 죽음에 이르는 전쟁이며, 그것이 지배를 향한 질주 안에서, 요컨대 육신의 재생산과 욕망의 끈질긴 질투 안에서 입지 및 그 위계를 다투는 경쟁으로 대체된다는 사실을 말이다. 그리고 **밤**이 헤시오도스[14] 이후로 카오스의 딸이라는 사실을 알고 있다. 신 안에 깃든 신성이 한낱 몽상이라는 사실을 알고 있다. 모든 존엄성은 술책이고, 모든 신앙은 우화이며, 선서하는 권력은 장악하기 시작하는 전제정치라는 사실을 알고 있다. 자아moi는 사퇴, 은거와 금욕, 학습의 힘으로 공용어에서 해방

---

13) 프랑스 샤랑트 지방의 마을 베르퇴유Verteuil에 라로슈푸코 가족 소유의 성 (1650년에 파괴된 성은 재건되어 지금은 역사적 명소가 되었음)이 있다. (키냐르는 Verteuil를 발음이 같은 Vertœil로, 즉 euil를 œil(눈(目))로 고쳐 라로슈푸코의 놀라운 통찰력을 암시하는 것으로 보인다.)
14) Hesiodos: 기원전 8~7세기경의 고대 그리스의 서사 시인, 작가.

되어, 집단에 대한 망명자로서, 의존에 대한 거부자로서, 감각적 특이자로서, 모든 직책에 불복하는 자로서, 모든 역할과 장르와 패와 가면에 대한 혐오자로서 자신을 되찾는다. "고故 므시외 파스칼은 이 주제에 관해 기독교 신앙이 인간의 자아를 사라지게 하고, 인간의 예의범절이 그것을 숨기고 말살한다고 입버릇처럼 말하곤 했다." 프롱드 당원, 개혁주의자, 프레시외즈, 자유사상가, 장세니스트, 이들 모두가 이러한 비밀 공화주의자, 바야흐로 파문되거나 투옥되거나 혹은 추방되기 직전의 봉건 검투사이다.

이들은, 스스로 칭하듯이, **비非사회자**는 아니더라도 적어도 **외톨이**다.

연속된 삶에서 버려진 문장까지의 거리는 멀지 않다.

이것이 첫번째 단편적인fragmentaire 동기이다.

포르루아얄에 칩거한 사회적 '외톨이'는 고전적 담론 안에서 '단편fragment'이다. 루크레티우스를 거쳐 에피쿠로스로 직선으로 거슬러 오르는 한결같은 '원자들'이다. 공화국의 로마인들은 그리스어 '*atomoi*(원자)'를 라틴어 '*individua*(개인)'로 옮겼다. 이것이 바로 프롱드 난의 언어가 된 개인주의이다. 이것이 몽테뉴를 원자로 만든 생테브르몽이었다. 이것이 생테브르몽을 원자로 만들고, 느닷없이 에스프리를 가루로 만든 라로슈푸코였다.

*

  그들은 이탈의 조짐으로 불안에 사로잡혔다. 다음은 자클린 파스칼이, 1651년 가을 내내, 모든 일을 중지하고 도망치려는 숭고한 장면들이다. 이미 죽음의 강에 한 발이 빠진 아버지는 딸의 계획을 허락하지 않았다. 자클린은, 1월이 되자마자, 즉 1652년 1월 4일 새벽에, 아버지보다 더 완강하게 반대하는 오빠 블레즈 파스칼을 피해 숲속의 외딴 수도원으로 도망친다. 우리는 종종 파리의 장세니스트가 런던의 청교도를 모방하기를, 그리고 유럽을 떠나기를 여러 번 주저했다는 사실을 간과한다. 1620년 플리머스[15]에서 온 최초의 성직자들이 **메이플라워호**에서 내렸다. 1630년 그들은 매사추세츠만을 식민지로 만들었다. 에스프리가 사망한 해인 1678년, 프랑스의 장세니스트들은 여전히 홀슈타인 해안의 노르트스트란드섬[16]을 구입하려고 협상 중이었다.

---

15) 영불해협에 면한 항구.
16) 독일 북해 연안의 섬이었으나 지금은 반도이다.

제44장

샤를 드 생테브르몽

흡스의 「그것은 귀머거리다 Surdum est」는 1660년에 작성된 짧은 철학적 논고이다. 인간의 언어는 언어가 말하는 것에 **귀머거리**다. '의미작용' 뒤에는 비밀이 있다. 하지만 그 의미는 정신을 기울이지 않으면 즉시 일종의 아우라나 안개 속으로 사라진다. 사나운 짐승보다 더 사나운 의미. 의미에는 그 대부분이 무의식적인 야생의 세계가 지속된다. 언어가 단순히 말을 함으로써 알지 못하는 것을 알아가는 것이라 할지라도, 인간의 모든 언어는 대화 과정에서 1인칭과 2인칭의 맞대면으로 살아 있는 세계를 찢고, 사라진 이자관계를 대체하고, 그 관계를 두 극으로 대립시키는 것일 수 있다. 두 극은 죽음도, 성별도, 유형도, 정체성도 없는 Je(나)와 Tu(너)로 언어의 기능이 인류에게 부과한 것이다. 그러고 나서 모든 단어는 존재하지 않는 것을 문면文面에 불러들여 그것을 꿈에 나타나는 이미지의 방식으로 떠올리게 한다. 1661년 므시외 드 생드니 드 생테브르몽의 망명생활이 시작된다. 그는 결투, 무신앙, 불손, 불경, 과도한 자유를 이유로 기소되고, 마자랭 추기경의 명령으로 바스티유 감옥에 두 차례나 투옥되고, 콜베르[1]에게 쫓긴다. 그는 트롤선을 타고 해협을 건너 런던에 정착하여 책으로 뒤덮인 작은 거처에서 42년을 보낸다. 그 나름의 방식으로 책을 벗 삼아 외톨이 생활을 한다. 사람들로 북적이는 궁정에 소속되기보다 책과 동물들에 에워싸여 지낸다. 그리스어로, 라틴어로, 프랑스어로 쓰인 책들을 읽고, 말없는 글쓰기로 자신의 삶을 되살리는 법을 배우고, 자신이 머무르는 사회에서는 아무도 모르는 언어를 조용히 말하고(40여 년의 망명생활 동안 그는 영어를 배우지 않았다), 칩거하며 사어死語를 그 사회에서 통용되지 않는 전혀 다른 언어로 옮기는 일이 그에게는 바로 황홀경이었다. 생테브르몽은 바로크 형식의 소론小論을 창안한다. 이는 르네상스 말기 몽테뉴가 순전히 문학적 에세이에서 고안했던 나뭇가지처럼 뻗어가는 장章들을 떠올리면서였다. 당시에 몽테뉴는 제

---

1) Jean-Baptiste Colbert(1619~1683): 프랑스의 정치가. 루이 14세 치하에서 재무감사원장과 해군장관을 역임했다.

르미냐크[2]에서 죽은 친구 라 보에시의 문장에서 '수사적 장식을 걷어내는déoratoriser' 작업을 한 직후에, 플라톤의 '대화체마저 걷어내는dédialogiser' 일에 천착했다. 그는 다시 요약한다. 압축하고 다듬는다. 그것을 마담 드 사블레에게 헌정한다. 피에르 니콜에게 보내고, 라로슈푸코에게 부친다. 그는 자신의 삶의 마지막까지 라퐁텐과 서신을 주고받는다.[3] 자기 방에서 60마리가 넘는 고양이와 개와 강아지, 새를 기른다. 그는 그렇게 한 세기를 통과한다. 1614년 1월 초, 코탕탱반도[4]의 생드니르가스트에서 세례를 받았던 한 남자가 1703년 여름이 끝나갈 무렵 웨스트민스터 수도원의 평석 아래 묻혔다. 그는 종부성사를 거부하고 죽었다. 그의 마지막에 대해서는 두 가지 말이 전해진다. 첫번째는 은둔자에 걸맞게 순전히 방어적인 것으로 "그는 잘 죽기 위해 이 세상의 의례를 필요로 하지 않았다"이다. 다른 버전은 심히 독기가 서린 단언으로 "**영원성**에 대한 생각은 내 삶의 가장 무익한 순간에조차 떠오르지 않을 것이다"이다. 데 메조[5]는, 1630년대 말, 파리를 에워싼 성벽 밑에서와 마찬가지로 루브르에서, 센 강

---

2) 프랑스 남서부의 마을.
3) 라퐁텐은 1695년에 죽고 생테브르몽은 1703년에 죽었으므로, '라퐁텐이 죽을 때까지 서신을 주고받는다'가 맞는다.
4) 프랑스 북서부 노르망디에서 영불해협 쪽으로 튀어나온 반도.

둑에서, 사람들이 므시외 드 생테브르몽의 검술 일격에 대해 걱정스럽게 이야기하던 일을 회상했다. 그는 스스로 시스템들에 대한 증오의 시스템이 되었다. "우리는 우리 자신을 알지 못한다. 우리는 우리 자신에게 하나의 수수께끼이다." 그는 은총 없이 지내기로, 거의 엔트로피적 사기저하의 열기 속에서 멜랑콜리를 극복하기로 결심한 최초의 프랑스 바로크인이었다. 그런 그가 1665년, 즉 파리에서 『성찰』의 초판—최소한 므시외 드 라로슈푸코의 승인을 받은 1쇄—이 출간된 그 해에 극심한 신경성 우울증으로 거의 무너질 뻔했다. 'désabuser(각성하다)', 이것이 이 작품을 요약하는 동사이다. 사고思考는 허상적 실질, 은유, 장식, 남용, 가식, 사치에 지나지 않으며, 그토록 더 다양하고, 더 깊이 있고, 더 압축되고, 더 감동적이고, 더 기민하고, 더 격렬한 감각을 제대로 반영하지 못하는 신기루에 불과하다. 진정한 의미는, 말하자면 질료 없는 음성어〔口語〕의 직물 속에 정주하지 않는다. 의미는 여성과 남성, 어머니와 아이, **죽음**과 죽어가는 이들 사이에서 끊임없이 이어지는 말, 끝없는 논쟁 속에서 형성된다. 사실 어느 영혼도, 문법과 두려움을 잊는다면, 이 크

---

5) Pierre des Maizeaux(1666~1745): 런던으로 망명한 프랑스의 위그노 작가이자 피에르 베일의 번역가로 알려져 있다.

고 어설픈 육체에 안주하지 못한다. 두 발로 걷기 위해 애쓰는 이 육체는 템스강을 건너려고 비틀거리며 배에 올라타거나, 비바람 속에서 강물을 가로지르는 다리 위에 모습을 드러낸다. 다수의 남녀가 무릎을 치켜들거나 상반신을 돋보이게 뒤로 젖혀 젖가슴이나 음낭을 드러낸 매우 특이한 자세로 이동하는데, 기실 그들의 몸은 공간 안에서 그런 식으로 사용하게 만들어진 게 아니다. 도덕이라는 것은 없으며, 있다면 그것은 기만일 뿐이다. 불굴의 폭력에서 자유로운 성性은 없다. 욕망은 몸 깊은 곳에서 끊임없이 다시 태어나며, 자전하는 지구 위에서 고정된 대상도 없이, 별들과 함께, 그것들을 움직이게 하는 다소 연속적이고 비대칭적인 운동을 따라 회전한다. 그는, 파스칼에 앞서, 단지 위희慰戲[6]가 있을 뿐이라고 공표했다. 그리고 라로슈푸코에 앞서, 영혼계의 나르시시즘, 육신계의 살의 움직임, 사회계의 재화에 대한 탐욕 및 지배의 쾌락, 이 세 가지가 현실에서 헤아릴 수 없이 많은 행위를 고취시키는 동인動因이라고 썼다. 즉 이러한 행위는 약탈이고, 마음속의 애정은 곧 욕망이라는 것이다. 자연의 상태에서 우리는 단순히 먹기 위해 피 맛을 즐기고 생존을 위해

---

6) 파스칼 철학의 주제의 하나인 divertissement(심심풀이, 오락). 몽테뉴의 '기분전환'(고통을 견디기 위해 그것으로부터 전환시키는 방법)과 동일한 맥락이다.

목숨 걸고 싸운다. 사회의, 세무의, 행정의, 법률의 상태에서는 대다수의 힘이 끔찍하게도 소수의 손에 넘어가 대다수가 이권 경쟁을 포기하는 것으로 사태가 악화된다. 그는, 에스프리에 앞서, 시민사회가 사람들 간에 몰수된 권력 협약을 체결하고, 협약은 체계적으로 증오의 계약으로 변질되고, 계약은 보복의 만성적 사슬을 촉발시키는데, 이 사슬은 날짜들이 단 한 줄에 기입하는, 끝이 없는, 가상으로 방향이 주어진 **역사**의 원천에서 비롯된다고 썼다.

*

다른 이들보다 조금 더 자유로워지는 데 성공한 모든 존재는, 안타깝게도, 이상한 애도의 감정에 사로잡히게 된다.

우리는 모든 것을 훔쳤다.

이것이 그들의 노력에 해가 되지는 않지만 기쁨을 손상시키고 때로는 용기의 일부를 부식시키는 간헐적 죄책감의 문제이다.

그들은 자신이 강탈한 자들에게 감사를 표하지 못했다.

모든 여자, 모든 남자는 생애 초기에 자신이 말하는 언어까지 훔쳤다.

그들이 모방한 어느 모델도 자신의 것이 아니었다.

그들이 지닌 성姓조차도 빼앗은 것으로 평생 남아 있다.

그들을 존재하게 만드는 것은, 자신을 철저히 살펴보건대, 자신이 거의 받아들이지 않아 그 흔적마저 부인하는 유아적 의존의 그림자이다. 그들 내면의 이 절도는 이미 죄이다. 그러고 나서는 사기와 자책의 연속이다. 실제로 손에 피를 묻힌 사람들은 즉시 선한 양심을 만들어내는데, 양심이란 사실 시간이 흐르며 추가되는 비열한 행위에 불과하다. 그들은 자신들이 아무것도 아니었다는 사실을 부인한다. 어떤 경우에도 자백하려 들지 않는다. 그들은 고통스러운 기억들과 공허한 언어로 쌓아 올린 요새와 성벽들로 군대에 맞선다.

키케로, 세네카, 위대한 집정관들과 스토아학파 금욕주의자들, 백만장자 왕족들은 설교의 대가였다. 삶에서 설교자를 만나게 되면 즉시 영혼이 수치심으로 가득 찬다.

키케로의 대척점에 있던 인물은 카엘리우스[7]였다.

그렇기 때문에 불행하게도 손이 깨끗한 사람은 더 결백한 동시에 괴로움을 더 많이 겪는다. 명철함이 눈을 뽑아내지는 않으므로, 더 많이 깨달은 사람이 눈물도 더 많이 흘린다.

---

7) Marcus Caelius Rufus(B.C. 88~B.C. 48): 로마의 연설가이자 정치가.

제45장

조르다노 브루노[1]

 지구는 더 이상 우주에서 우주생성론의 주축이 아니게 되었다. 순식간에 인류 역사는 더 이상 시간의 중심을 차지하지 않게 되었다. 바로크 시대의 가장 강렬한 순간은 화형당한 브루노의 희생이다. 1600년 2월 17일 로마의 캄포데피오리[2]에서 쇼페[3]가 지켜보는 가운데 이 석학의 몸이 불길로 변했다.
 불길 속에서 한 송이 꽃이 되어 태양을 향해 올라간다.
 하늘은 이제 지구를 주축으로 돌지 않았다.

---

[1] Giordano Bruno(1548~1600): 이탈리아의 도미니코회 수사, 철학자, 시인, 우주 이론가 및 밀교주의자. 화형으로 사망했다.
[2] 이탈리아 나보나 광장 남쪽에 위치한 직사각형 모양의 광장.
[3] Caspar Schoppe(1576~1649): 독일의 가톨릭 논쟁가이자 학자.

박학다식한 한 남자가 새로운 춤을 위해 우주의 허공에 들어찬 거대한 어둠 속에서 죽었다.

*

알렉상드르 쿠아레[4]는 성녀 베로니카[5]의 수건이 17세기 내내 두고두고 찢어졌노라고 놀라운 방식으로 기록했다.

성녀는, 뤽상부르궁에서 예수의 초상 이야기를 만들어내기 훨씬 이전에, 예수의 얼굴이 찍힌 수건을 조각으로 나누었고,[6] 생테브르몽은 소론으로, 파스칼은 단장으로, 라로슈푸코는 우울한 격언으로, 마담 드 라파예트는 프랑스의 단편短篇으로 나누었다.

---

[4] Alexandre Koyré(1892~1964) : 러시아 태생의 프랑스 과학사학자이며, 철학자.
[5] 십자가를 지고 골고다 언덕으로 올라가는 예수에게 얼굴의 피와 땀을 닦도록 수건을 건네준 여인.
[6] 베로니카는 수건(라틴어로 *velum*)을 셋으로 접었고, 따라서 예수가 얼굴을 닦은 후에 돌려준 수건에는 동일한 세 개의 얼굴 각인이 나타났고, 그것을 그녀가 세 군데에 나눠주었다는 설이 있다.

*

  1661년 7월 25일 월요일, 왕실 검사와 민사 치안판사가 아침 6시 반에 파리의 포르루아얄로 갔다. 그들은 마차를 두고 걸어서 자신들이 포위하려는 성소에 혹시 비밀 문은 없는지 확인차 건물을 한 바퀴 돌았다. 그리고 다시 정문으로 돌아와 살며시 문을 두드렸고, 수녀원 접수계의 당직 수녀를 즉석에서 붙잡아 팔을 잡아끌어, 궁정이 보이는 숙소에 거주하는 모든 사람들의 거처로 안내하게 했다. 아직 침대에 누워 있던 마담 드 사블레의 집부터 방문을 시작했다. 그들이 그녀를 깨웠다. 그러고 나서 므시외 드 세비녜[7]의 집에 들렀다가 마드무아젤 아트리와 마드무아젤 가도[8]의 집으로 갔다. 부재중인 마담 드 게메네[9]의 집은 열쇠로 잠겨 있어 들어갈 수 없자 사다리를 놓고 창살까지 올라가 정원의 담장 너머를 바라보았다. 그리고 다시 내려와, 마담 드 사블레의 집에 있는 두 개의 문을 벽으로 막으라고 명령했다. 하나는 궁정으로, 다른 하나는 곧바로 수녀원으로 통하는 문이었다.

---

7) Henri de Sévigné(1623~1651): 세비녜 후작 부인의 남편.
8) 두 사람 모두 마담 드 사블레의 친구로 장세니슴 운동에 참여했다.
9) 빅투아르 드 로앙Victoire de Rohan(1743~1807)을 말한다. 프랑스의 귀족이며 궁정 관리. 루이 16세 자녀들의 가정교사였다.

1661년 8월 18일 마담 드 사블레 거처의 문 두 개는 벽으로 막혀버렸다.

*

장세니슴이란 무엇인가? '외톨이 사회'라는 놀라운 고안물이다.

파리에서 6리외[10] 떨어진 수도원에 여자들이 무리 지어 살았다. 한 사람씩, 산발적으로, 남자들이 그녀들 주위로 이주해서, 그녀들의 퇴거와 침묵과 고독 주위를—여자들로 구성된 야릇한 태양 주위를 도는 위성처럼—맴돌았다. 하지만 어떠한 경우에도 그곳에 들어가거나 충성하기를 원치 않았다. 수도사가 되려는 마음도 없었다. 그저 세상의 변방에 머무르는 것을 선호했을 뿐이다. 그들은 무리를 피해 헛간을 등지고 있는 건물 주변을 우선시했다. 한편으로는 늑대 떼를 확실하게 피하면서, 다른 한편으로는 자신을 은둔자도 수도사도 아닌 외톨이로 부를 수 있었기 때문이다. 그들은 관례로 여겨질 법한 방식으로 서로 말을 나누었지만, 상대방을 '므시외'라 부르며 시민의 신분을 고수했다. 앙투안 르 메스

---

[10] 약 4킬로미터에 해당하는 옛날 거리 단위.

트르[11]는 히브리어를 배우며 건초를 만들었다. 그는 최초의 외톨이였다. 그다음으로 므시외 드 세리쿠르[12]와 므시외 드 바스클[13]이 뒤를 이었다.

*

1684년 10월 18일 낭트 칙령[14]이 폐지되었다.
1710년 1월 28일 포르루아얄데샹이 파괴되었다.
외톨이들 해산령이 선포되었다.
어떻게 외로움을 해산시킬 수 있는가?

---

11) Antoine Le Maistre(Maître)(1608~1658): 프랑스 장세니슴 변호사이자 작가이며 번역가. 1639년 포르루아얄데샹의 첫번째 '외톨이'였다.
12) Simon Le Maistre de Séricourt(1611~1650): 앙투안 르 메스트르의 남동생.
13) Étienne de Bascle(1605~1662): 프랑스 장세니슴 변호사.
14) 1598년 4월 13일 프랑스의 왕 앙리 4세가 낭트에서 공포한 칙령으로 개신교파인 위그노에게 신앙의 자유와 정치적 권리를 부여했다.

제46장

마들렌 드 사블레

사블레 후작 부인의 세계관은 엄청난 불안과 슬픔으로 이루어졌다.

그녀는 공포에 사로잡힐 정도로 죽음을 증오했다.

임종의 마지막 날숨과 특히 그에 따른 공기 전염에 대한 두려움이 공포를 지배했다.

그녀는 자연, 시골풍, 들판, 포르루아얄데샹, 연못, 꽃, 과실수 같은 것—그녀가 '시골의 나쁜 공기'라고 부르는 것—을 몹시 싫어했다.

첫번째 공포는 후각을 잃는 것이었다.

사망 통지문을 받게 되면 즉시 노간주나무에 불을 피웠다. 받은 편지를 불길 위로 통과시켜 소독했다. 문가에서 재채기 소리가 들리면 감기에 걸릴까 봐 방 안으로 들어갔다. 그녀는 신체를 구성하는 감각기관 중에서 코가 가장 강력한 것이라고 말했다. 그리고 포타주[1]의 감미로움과 잼 맛에 푹 빠져 있었다. 온갖 당과류의 조리법도 알고 있었다. 그녀 덕분에 생겨난 사블레sablé[2]가 요즘에는 달콤함을 지칭한다. 하지만 그녀가 달걀노른자와 설탕가루를 듬뿍 넣어 만든 바삭한 식감의 이 모든 제과에도 불구하고, 그녀 자신은 줄곧 멜랑콜리에 시달렸다. 그녀는 시집詩集에서 반말이 사용되는 것도 용인하지 않았다. 더러운 환자용 변기가 보이면 몹시 언짢아했다. 입에서 나는 모든 소리와, 이따금 치아 주변을 패게 하고, 먹거나 씹거나 삼키거나 꿀꺽 넘길 때 양 볼을 일그러지게 하는 찡그린 모든 얼굴을 죽음이라 불렀다. 그녀는 장세니슴을 알렸다. 라로슈푸코를 옹호했다. 파스칼을 옹호했다. 포르루아얄에 대한 박해가 절정에 달한 1665년, 라로슈푸코가 다시 읽고, 그녀의 동의를 받고, 자크 에스프리와 공모하여 조정한 통렬한 단장형의 문장들을 출간하자, 그녀는 그 사본을 배포하고, 공작을 사랑했던 모든 여인들의 모임을 활성화시켰다. 하지만 공작이 임신을 시킨 다음에 너무 깊은 상처를 준 마담 드 롱그빌, 그리고 마담 드 라파예트,─공

---

[1] 고기나 채소를 넣어 푹 끓인 진한 수프.
[2] 우리나라에 '사브레' 과자로 알려진 비스킷의 일종.

작이 그녀의 집을 드나들기 시작했지만 아직은 확실히 사랑에 빠지지 않은— 이 두 여인은 제외되었다. 마침내 그녀는 라로슈푸코 공작에 대한 평론을 써서 그 해에 나오기 시작한 최초이며 유일한 당시의 문학 저널에 게재했다. 1665년 3월 9일에는 라로슈푸코가 창안한 다양한 유형의 격언들에 관한 마들렌 드 수브레 드 사블레의 글이 『학자들의 저널*Journal des Savants*』[3)]에 실렸다.

*

1673년 자크 에스프리의 한없이 방대한 책이 마침내 출간될 준비가 되자, 마담 드 사블레는 당장 경쟁 관계에 놓이게 될 자신의 『격언집』[4)]을 동시에 출간하고 싶었다. 동의, 독점권, 등록, 인쇄에만 4년이 걸렸다. 1678년 마침내 출판업자의 인쇄기가 두 작품을 활자화했다. 하지만 두 권의 책이 출간되었을 때는 이미 저자들이 사망한 후였다. 아무도 책을 가져가지 않았다. 그들의 출판물은 무관심해진 시대temps의 표면에 한 줄의 주름도 남기지 않았다.

---

3) 1665년 1월 5일 발간된 프랑스 및 유럽 최초의 문학 및 과학 저널.
4) 원제는 『마담 드 사블레의 격언들*Maximes de Madame de Sablé*』이다.

제47장

당근 수프

"죽음을 무시하는 것은 결코 옳지 않다."

*

마담 드 사블레에게. "이것이 내 격언들 전부랍니다. 그런데 공짜로 드릴 수는 없으므로, 부인께 당근 수프를 요청하는 바입니다."

*

"태양도 죽음도 뚫어지게 쳐다볼 수 없다."
라로슈푸코는 프로이트처럼 삶을 지배하는 종말을 인정하

고, 모든 것을 받아들이고, 세상의 저속함도 용인한다. 그의 이름 한가운데 있는 이상한 'roche(바위)'는 석화石化시키는 메두사를 탈-석화시킨다. 그의 이름 'La Roche Foucauld'는 지형에서 불룩 튀어나온 바위를 뜻한다. 『17세기 최대의 난점』은 폴 아자르[1]가 집필한 책이다. 스탕달이 심사숙고했다. 니체가 다시 파고들었다. 베르그송과 하이데거에게 자양분을 제공했다. 심연으로 이어지는 어둠으로 이끄는 미로. 자크 라캉은 라로슈푸코의 기이한 격언을 평생토록 곳곳에서 반복했는데, 그것이 바로 언어가 인간에게 침입한 데서 비롯된 현상이라 믿었기 때문이다. 바로 이 격언이다. "사랑에 대해 들어본 적이 없다면 결코 사랑에 빠지지 않았을 사람들이 있다."

*

다음은 라로슈푸코가 마담 드 사블레에게 쓴 서신이다. "마담 드 사블레 귀하. 금요일 저녁. 이것이 내 격언들 전부인데, 당신께는 없는 것이지요. 그런데 공짜로 드릴 수는 없으므로 부인께 드 수브레[2] 사령관과 함께 제가 당신 집에서

---

[1] Paul Hazard(1878~1944): 벨기에 출신의 파리 대학 교수이며, 아카데미 회원이었던 인문학자.
[2] 마담 드 사블레의 오빠 자크 드 수브레Jacques de Souvré를 말한다. 군인이

저녁 식사를 할 때 우리가 먹었던 것과 같은 양고기 스튜와 소고기 스튜, 그린 소스,[3] 그리고 다른 요리, 즉 자두가 곁들여진 수탉 요리라든가 당신이 선택할 만하다고 판단되는 요리 한 접시를 더 부탁드리는 바입니다. 혹시 제가 예전에는 먹을 자격이 없던 잼 두 접시를 더 바라도 된다면, 평생 당신에게 은혜를 입었노라 생각할 거고요."

*

   라로슈푸코는 수프를 마셨고, 오디 잼과 자두 잼을 먹어치웠고, 생기 없는 언어를 부셔버렸고, **반反종교개혁**에 대한 황금빛·은빛·구릿빛의 공들여 다듬은 아부성의 수많은 상투적 말들을 박살 냈고, 지난 세기 인본주의가 주기적으로 반복하는 젠체하는 대단한 미사여구의 무거움을 날려버렸다. 그는 현란하고 웅변적인 언어를 타버린 동시에 불타는 언어로 만들었다. 교차되고 구불거리며 의미 확장적인 순환의 형식을 전격적이고 통명스러운 단장斷章으로 변형시켰다. 믿을 수 없을 만큼 침묵의 한계에 이르면 그것은 엄청나게 밀도 높

   며 수도자로서 갤리선 사령관을 지냈다.
 3) 허브가 풍부하게 들어간 부드럽고 상큼한 소스.

은 아포리아[4]가 된다.

그것은 시詩라기보다는 읽는 자들에게 충격을 주는 정신적 추진력이다.

수사슴들의 결투 후에 11월의 안개 낀 다갈색 고사리 숲에 남겨지는 뿔들.

번데기는 그리스어로 황금빛 튜닉을 가리킨다.

*

그것은 최악의 기쁨 같은 것이다. 모든 것을 무릅쓰고 oui(그렇다)라고 대답하는 기쁨. 매우 단순한 'oui'는 문체를 건조하게 만든다. 파손과 사고思考가 뒤섞인다. 내전과 내적 갈등이 병치되어 이 얇고 압축된(410개의 단장) 작은(71쪽) 책 안에서—갑자기— 하나가 다른 하나로 녹아든다. 이러한 언어의 조각들은 아이들이 나무에 오르거나 새들을 기절시키기 전에 허리띠에 쟁여놓는 새총의 돌멩이 같은 것이다. 이것은 프랑스어로 쓰인 가장 아름다운 책이다. 에티엔 드 라 보에시의 천재적 저작과 거의 마찬가지로 깊이가 있으며,

---

[4] '논리적 궁지(난점)'를 가리키는 단어로 다른 관점에서 새로이 탐구하는 출발점이 되기도 한다.

군주제의 철폐를 주장하고 폭군을 처단한 이들을 찬양하는 그 책처럼, 대단히 웅변적이고, 라틴어 문체의 수사적 전통을 따르며, 문장 또한 균형과 운율을 갖추어 정교하게 구성되어 있다.

*

라로슈푸코 책의 마지막 격언은 이렇게 시작된다. "허울만 그럴듯한 많은 미덕의 허위성에 대해 언급했다면, 죽음에 대한 경멸의 허위성에 대해서도 언급하는 것이 타당하다. 나는 무신론자들이 자력으로 죽음에 대한 두려움을 이겨낼 수 있노라 우쭐대면서 죽음을 경멸하는 소리를 듣는다. 상식 있는 사람이 이런 말을 믿을지 의심스럽다."

*

라로슈푸코의 말이다. "사랑에 빠지면 만사가 시들하다."

*

사랑에는 "그거, 절대 못 잊을 거야"라는 것이 있다. 그것은 아마도 마음속 깊이 새겨진 진짜 날짜 같은 것이다. 자료에 대한 자료 같은 것이다. 세상을 향해 열리는, 내 몸을 다른 몸에게 열어주는, 세상과 연결되는, 출생의 눈부신 순간 및—그보다 더 이전의—기원에서 몸들이 결합되는 순간까지 거슬러 오르는 모든 감지 현상에는 특별한 방전 현상이 있다.

*

영혼 안에서 행해지는 음성어의 야릇한 '초음파에 의한 감지법.'

존재했던 이들의 목소리는 살아남은 이들의 영혼에 통로를 열어준다.

마담 드 세비녜는 라로슈푸코에 대해 경탄할 만한 글을 썼다. "그의 문장은 공중에서 더듬거렸다. 그는 말을 하면서도 여전히 할 말을 모색했다. 단어들을 시도했고, 음색들도 물색했다. 말을 멈추고 생각하다 다시 말을 이었다. 그의 문장은 공기를 스치며 그 실체를 더듬고, 단어와 그 결합 구조, 접미사와 접두사를 만지작거리며 참된 의미를 알아내려 애썼다. 그는 한 단어를 찾고 있는, 흉터로 일그러지고 통풍에 시달리는, 용맹하되 자신의 용맹함에 거의 무심한, 노련하고 세련된 늙은 사무라이였다.

제48장

라 갈리가이[1]

눈가리개를 풀고 다시 푸는 앙크르 후작 부인의 인상적인 마지막 장면은 1617년 7월 8일 토요일로 거슬러 올라간다.

라 갈리가이는 보기를 원한다.

그녀는 아이네이아스의 배가 바다에서 사라질 때 카르타고의 탑 위에 있는 디도[2]이다.

Remember me.

그녀는 장작더미에 불을 붙인다.

---

[1] Leonora Dori Galigaï(1568~1617): 프랑스 왕 루이 13세의 모후(마리 드 메디시스)의 시녀로 콘치노 콘치니와 결혼한 이탈리아 출신의 관리. 나중에 투옥되어 참수형을 당한 뒤 화형에 처해졌다.
[2] 베르길리우스의 『아이네이스』에 나오는 카르타고의 초대 여왕. 아이네이아스와 사랑에 빠졌으나 그가 떠나자 불길에 몸을 던져 죽었다.

라 갈리가이는 프랑스의 원수元首가 된 콘치노 콘치니[3]의 아내이며, 앙크르의 후작 부인이 된 레오노라 도리의 별명이었다.

그녀가 센 강가로 끌려간다. 처형장으로 끌려간다. 강변에 있는 장작더미의 계단까지 떠밀려 간다. 강변의 그레브 광장에는 사람들이 가득하다. 눈에 가리개가 씌워지고, 등에 힘이 가해지고, 그녀는 강제로 계단을 오른다. 그레브 광장에 세워진 '처형대'로 올라간다. 처형대 위에 서자마자 그녀는 눈가리개를 푼다.

모여든 배와 곤돌라로 뒤덮인 눈앞의 센강을 바라본다. 갑자기 돌아선다. 광장에서 함성을 지르는 군중을 바라본다. 다시 눈에 가리개가 씌워진다. 그녀는 '자신의 처형자와 죽음을 똑바로 바라보고 싶다'고 말한다. 눈에 다시 가리개가 씌워졌지만, 그녀는 묶인 두 손으로 다시 가리개를 푼다. 그러자 처형이 빠르게 진행된다. 그녀는 가슴 아래 가해진 검의 일격으로 죽는다. 옷이 모조리 벗겨진 다음 불길에 던져졌다.

---

[3] Concino Concini(1569~1617): 이탈리아 출신의 정치인으로 제1대 앙크르의 후작. 프랑스의 왕 루이 13세의 장관을 지냈다. 나중에 왕의 명령으로 살해되었다.

제49장

스피노자

  사랑을 멈추면, 술을 끊으면, 중독성 환각제의 복용을 중단하면, 담배를 끊으면, 그리하여 대기를 물들이며 예측 불가능하게 감미롭게 퍼지는 향긋한 연기를 포기하면, 고통의 단속적 압박을 넘어, 결핍이나 욕구불만으로 촉발되는 공황 상태를 넘어, 우리는 깨달음의 느낌이 동반되는 기이한 순간, 즉 **결핍의 황홀경**이라는 야릇한 순간을 경험한다. 우리는 문득 너무도 선명한 각성 상태에 이르러, 우리를 둘러싼 인간의 현실은 물론이고, 심지어 동트기 전에 일어나 우리 주변에 몰려드는 동식물의 웅성거림조차도 키마이라,[1] 히드라,[2] 그

---

 1) 그리스 신화에 나오는 괴물로 머리는 사자, 몸통은 염소, 꼬리는 뱀 또는 용의 모양 등 다양한 동물의 부분으로 만들어졌다고 한다.
 2) 그리스 신화에 나오는 9개의 목을 지닌 거대한 물뱀 괴물로 헤라클레스에

리핀,[3] 여女스핑크스 같은 환상처럼 느껴진다. 그 순간, 심지어 자연스러운 것들(식물의 형태, 거실의 그랜드피아노, 손가락의 마디, 반질거리는 손톱, 우리를 바라보는 눈의 촉촉한 안구, 우리의 말을 듣는 귀의 섬세하고 파리한 귓바퀴 연골 조직)까지도 불현듯 과장이나 위협으로 느껴진다. 문명화된 물체들(4륜 마차, 대통령의 DS,[4] 외바퀴 손수레, 전기 자전거, 가마, 말, 폭격기, 커튼과 고양이가 자리 잡으러 오는 창문 가장자리에서 커튼의 부풀림을 유지시키는 커튼 줄, 철제 대포와 돌로 된 포탄, 검, 검의 손잡이, 방추紡錘, 경비병, 검 끝의 둥근 부분, 검 케이스, 바주카 포, 황량한 거리를 오가는 방역 마스크들을 감시하는 드론, 종탑의 대형 시계와 회전하는 화살촉 모양의 시곗바늘)은 완전히 가짜로 보이고 가시 세계에서 거의 괴물처럼 여겨진다.

바라보는 자체가 섬뜩한 두려움으로 변한다.

그렇긴 해도 우리는 무슨 이유로 진실이 행복감을 주는지 알지 못한다. 무슨 근거로 진실이 타당하거나 이로운 것인가? 어떤 점에서 규범은 그 자체로 지극히 비정상적 경향이 있는가? 마찬가지로 현실이 이해 가능한 것이어야 하는 이유는 무엇인가? 어째서 자연은 측정 가능해야 하는가? 어째

의해 퇴치되었다.
3) 사자의 몸통에 독수리의 머리와 날개, 앞발을 가진 전설의 동물.
4) 샤를 드골 대통령이 애용했던 자동차 시트로앵 DS.

서 시간은 예견 가능해야 하는가? 어째서 운명은 해석될 수 있어야 하는가? 과학은 현실이 설명 가능하다고 주장할 심산으로, 마치 현실이 근원에서 이미 조직되어 있었던 것처럼 군다. 하지만 기하학이 지구를 발명한 게 아니다. 수학이 하늘의 항성 궤도를 형성하는 기묘한 원의 원인이 아니며, 또한 식물적 덧셈이나, 반영의 전도된 대칭이나, 살아 있는 세포의 분열이나, 자연에서 번식하는 존재들의 불가해한 성적性的인 곱셈의 원인도 아니다. 정신의학은 광기를 발생시키지 않았지만, 광기 자체를 정신착란적으로 냉혹하게 분류하고, 그것을 지배한다고 주장하면서도 순치에는 거의 이르지 못한다. 가까워지는——**일촉즉발의**——진실의 효과는 간극의 파열——**찢어진 상처**——에 불과해서, 아무것도 달성하지 못할뿐더러 어떤 경우에도 결코 욕망의 발생 시기로 되돌아가지 못한다. 욕망의 근원은 출생이다. 그리고 출생의 근원은 수태이다. 따라서 그의 욕망은 포옹으로 넘어가는데, 그 자신은 포옹의 열매일 뿐 시선이 아니므로 문제는 즉시 시선의 영역으로 넘어가면서 일단락된다.

그러므로 행복감을 자아내는 것은 명철함이 아니다. 탈신비화는 그에 앞선 가학적, 포식적, 굶주린, 강탈적, 치명적 호기심에서 기쁨을 길어낼 가능성이 더 높다. 선명하게, 어둡게, 베일 없이, 눈물 없이, 진짜로, 어떻게 보든 간에 바라보는 행위 고유의 환희가 반드시 존재하지는 않는다. 불법 침입의 즐거움은 동물의 시선 특유의 관음증, 즉 원천에 있는 불가능한 장면에, 마지막에 있는 궁극의 장면에 시선을 집중하는 욕망으로 거슬러 올라간다. 자신의 굶주림을 채우기 위해 죽어 자빠지는 먹잇감을 보는 형언할 수 없는 기쁨.

*

나는 눈가리개를 풀고, 스카프를 벗고, 자유로움과 빛을 만끽하는 이 느낌을 좋아한다.

*

등화관제와 뿔 나팔 소리, 계보로부터 제명, 상속권 박탈, 공고公告 추방의 음산한 상황이 지속되는 가운데, 파문당하고, 가족에게 버림받고, 공동체에서 축출되지만, 그는 기독교를 받아들이지 않았다. 철학에도 합류하지 않았다.

스피노자의 말. "*Non sum philosophus*(나는 철학자가 아니다)."

베네딕투스 스피노자는 로마 신학자들의 논쟁보다―분홍빛 홍학 떼와 바다 소금의 흰빛 가운데 있는―제르바섬[5]의 매우 감동적이고, 매우 오래되고, 매우 작은 유태교회당에서 랍비들이 지나치게 꼬치꼬치 따지는 논쟁보다, 아테네의 형이상학에 대한 대화보다, 우주의 궁륭 아래 위태롭게 세워진 비잔티움 플라톤주의자들의 천상의 사다리[6]보다 거미들의 싸움을 더 좋아한다고 말했다.

장롱 안에 놓인 *sine nomine*(서명이 없는) *textum*(텍스트).

illico(즉시) 죽지 않으면 출간될 수 없는, 숨겨진, **자신의 시간*heure*을 기다리는** '텍스트.'

스피노자는 런던의 세인트제임스 교구 지역의 생테브르몽과 서신을 주고받았다. 생테브르몽은 홉스의 친구이며 장 드 라퐁텐의 친구였다. 1673년 스피노자는 "철학자의 직업을 받아들일 생각을 했던 적이 전혀 없다"라고 팔라티나 선거후[7]에게 밝혔다. 그는 자신이 책들을 집필했다는 사실은 부인했지만, 그런 생각을 했다는 사실은 부인하지 않았다. 가족이나 태어난 집에 대한 기억은 단지 '책 읽기에 편리한 가

---

5) 튀니지 동부 가베스만에 있는 섬.
6) 비잔티움에서 플라톤을 기독교에 따라 재해석하면서 우리가 있는 세계(감각 세계)에서 신과 낙원의 세계(관념 세계)로 가는 중간 단계를 천상의 사다리로 설정했다. .
7) 중세 독일에서 황제 선거의 자격을 가진 제후. 선제후選帝侯, 선정후選定侯라고도 한다.

장자리 장식이 달린 매우 아름다운 침대'뿐이었다. 그는 돋보기의 큼직한 유리알을 닦아서 세상을 더 자세히 들여다보았다. 사람들은 그를 '*infelix litterator*(행복하지 않은 문학자)'라고 불렀지만 그는 침묵으로 일관했다. 사람들은 그를 '*irreligiosus auctor*(무종교의 저자)'라고도 불렀다. 그런데 이 말은 정신을 위한 놀라운 도전이다. 비록 그가 이 의도를 완벽하게 수행할 수 있는 지구상의 유일한 사람은 아닐지라도, 밤이 되어 육신이 잠에 빠져 있을 때 희망, 감각적 기쁨의 기억, 몽상과 기도가 그의 뇌 회로에 저절로 활력을 불어넣는 한 그러하다. 그 자신이 이 말을 했고, 반복했고, 증명했다. "*Anima est fascinata*[8](영혼은 자신의 발원지인 환각적 꿈에 의해 눈이 멀었다)." 최초의 날들에 대한 수수께끼에서 벗어나기는 어렵다. 우리는 이곳에 불쑥 나타나 빛을 발견하기에 앞서 이미 꿈을 꾸었다. 어린 시절의 뜻 모를 흥얼거림과 자신의 어체語體를 분리하기란 아마도 불가능하다. 자신이 선호하는 것과 자신의 입이 최초로 섭취한 것의 중독성을 연관 짓지 않으려는 시도는 부질없다. 순치의 느린 단계를 하나씩 차례로 거슬러 오르고, 관습의 강력한 인상에서 벗어나기 위해서는, 비록 거기서 완전히 벗어나지는 못할망정, 최소한 **조금이라도**

---

8) 라틴어로 '영혼은 매료되었다'라는 의미.

풀려나 그곳에서 거의 **초연할 수** 있으려면, 비상한 노력을 기울여야만 한다. 우리가 어떻게 조상의 언어에서 판단의 껍질과 형식과 위장, 그리고 말〔言〕이 두른 가죽과 송곳니와 발톱을 포기할 수 있는가? 누가 우리를 보호해 온 육체라는 심연에서, 우리를 노예로 삼아온 세상이라는 이집트에서 완전히 나올 수 있는가? 자유란 심연에서 벗어나는 것이리라. 하지만 누가 죽음에서 벗어날 수 있는가? 누가 자유로운가? 자신을 **조금이라도** 자유롭게 하는 것만이 가능하다.

*

잉골슈타트의 아이의 팔이 어머니가 그를 파묻은 땅의 지층을 뚫고 나와 다시 하늘을 향해 번쩍 들린다.[9]

*

날것은 알몸보다 더 많은 것을 말해준다. 알몸은 마치 나체 뒤에 **날것**이 있는 것처럼 그 자체로 야생적이다. 감각 뒤에는

---

9) 키냐르의 『잉골슈타트의 아이』(『마지막 왕국』 제10권)에서, 죽은 채 태어나 어머니에 의해 땅에 묻힌 아이가 하늘로 팔을 들어 올리는 장면은 억눌린 생명의 귀환을 상징한다.

감각적인 것이 있다. 날것을 자극하는 야만적인 광경에는 강렬한 쾌감이 있다. 고양이와 쥐를 보라. 고양이와 새를 보라. 가설을 몸의 가장 낮은 곳까지, 즉 발끝, 더럽혀진 발톱, 거의 발굽 같은 곳까지 끌어내리는 일종의 금욕이 있다. 상징계를 벗어난 당혹감의 순간에조차 황홀경이 존재한다. 이는 진리를 향한 욕망과는 구분되며, 그 욕망은 상상계의 산물이다.

진실은 참과 거짓만을 다룬다.

날것은 계보와 계통발생, 즉 언제나 원초적 호기심이자 진실의 원초적 장면인 창세기에 질문을 던진다.

영국인들은 잠옷을 입지 않고 맨몸으로 자는 것을 to sleep raw(날것 그대로 자다)라고 말한다.

그래서 내 머릿속에 문득 사도 바울이 떠오른다.

배교자이고 탈주자인 그는 다메섹[10]의 성벽에 내려진 광주리 안에서 여전히 두 손으로 더듬거리다가 차츰 시력을 회복했다. 그는 **비늘이 떨어진 자**이다. 신비한 '비늘들'이 떨어졌다. 우리에게 남은 물고기 비늘의 흔적은, 세번째 마디마다 있는 모두 스무 개의 손톱과 발톱이다. 그러자 그가 말한다. "하느님이 보시기에 모두가 나체이다. *Omnia nuda*. 모두가 알몸이다. 모든 것이 벌거벗었다."

---

10) 사도 바울이 회심한 사건이 일어난 도시로 현재 이름은 다마스쿠스.

제50장

플루타르코스

로마의 플루타르코스는 알레테이아[1] 여신이 빛에 '휩싸여' 있을 뿐 아니라 그녀 자신이 빛의 카오스**였다**는 주장을 지지했다. 진리의 현현을 특징짓는 광채 ─ 그는 재건된 도시에서 자신을 초대한 황제의 궁에서 그렇게 썼고, 그곳에서 고대 로마 말기에 관한 가장 심오한 글을 그리스어로 썼다 ─ 인 이유는 이 번쩍임이 진리의 모습은 비추되 그 형상은 흐릿하게 만들기 때문이다. 광채는 진리의 인식이 아니라 단순히 그 모양새를 알아볼 수 없게 만든다. 여신이 베일을 썼기 때문에 그런 게 아니다. 그녀는 알몸이다. 그런데 나체에 대한 욕망이 우리를 매혹시키고 여신의 몸의 윤곽을 교란시키

---

[1] 그리스어로 '진리'를 뜻한다.

기 때문이다. 우리의 시선이 흐려지고, 별의 광채에 눈부시고, 흥분시키는 욕정에 번뜩이고, 인지되는 차이에 아연실색한 채로, 그 욕망은 관심을 사로잡아 이제 온몸이 벌떡 일어서게 할 정도에 이른다. 온몸이 선 채로 꿈을 꾼다. 오직 죽은 자(욕망하지 않는 자)만이 가려지지 않은 것을 보며 적나라한 진실을 보는데, 그것은 **지옥**이다. 그 아가리가 열린다. 그것은 시간의 질서에서 최초의 신인 카오스, 그리고 무無이다. 어둠. 그림자도 탐욕도 호기심도 없는 반투명한 지각知覺은 인간에게도, 동물에게도, 새에게도, 조상과 유령과 귀신과 신들 안에 존속하는 야수에게도 생소한 것이다. 모두가 너무 배가 고파서, 그들 스스로 가져온 빛과 그 빛을 반사하는 자신의 시선 속에서, 갈망하는 형체의 어렴풋한 윤곽을 포착하지 않을 수 없다. 진실은 모든 것이 윤곽과 감각, 이미지와 욕망으로 이루어진 살아 있는 자들의 세계에 자신의 어떤 흔적도 드러내지 않으며, 그들의 수태가 종속된 성적 타자성에 복종하는 인간의 의식 속에도 존재하지 않는다. (그들은 자신의 기원이 지닌 무력함에 복종하고, 자신들이 향하고 있는 죽음을 눈앞에서 가려버리는 무엇인가에 복종하며, 밤이면 눈꺼풀이 조개껍질이나 비늘처럼 닫힌 경계 너머에서, 그들의 굶주림과 갈증을 불러일으키는 무언가를 놀랍도록 선명히 보는 꿈에 복종하고, 죽은 자들의 유령에게서 배운 말들이 영혼 깊은 곳에서 불안정하게 지속되며 만들어내는 언어의 분열성에 복종한다.)

*

　기원의 주변은 어둡다. 영혼에게는 너무 농밀하다. 영혼은 기원을 생각하지 않는다. 영혼은 녹아내린다.

*

　태어나고, 살고, 번식하고, 죽는 것은 우리가 결정할 수 없는 운heur―행복bonheur과 불행malheur의 혼합―을 형성하는 것으로, 매 순간 당황스러운 만큼 일생 동안 감당하기에는 매우 기이한 일이다. 내가 좋아하던 사람들이 죽는다는 생각에 사로잡혀 죽어가는 것을 보았다. 죽음에 대한 생각이 그들의 삶을 파괴하고 황폐하게 만들었다. 물론 우리는 기한을 앞당겨 죽음을 결정할 수 있다. 선수를 쳐서 무형無形의 세계로 넘어가는 문턱을 넘을 수는 있지만, 우리가 죽음을 불시에 덮친다는 상상으로 그 기이함을 바로잡지는 못한다. 우리 사회의 악은 지상에서의 삶만큼 눈에 띄지 않는다. 심지어 죽음조차도 삶만큼 특이하지 않다. 자연은 이 세상의 경이로움이다. 그리고 욕망하는 육신의 나체는 경계하게 만들고,

놀라게 하며, 타락시킬 뿐 아니라 삶이나 강들, 강둑들, 새들의 노래, 산들, 구름, 눈〔雪〕보다 훨씬 더 큰 쾌락을 준다. 여자와 남자는 자신이 여자이고 남자라는 사실에 놀라워하며, 전 지구상에서 끊임없이 서로를 향한 열정, 감미로움, 욕망, 경쟁에 사로잡혀 살아간다. 이 경쟁은 재생산과 죽음을 통해 벌어지지만 동시에 죽음을 거스르기도 한다. 왜냐하면 쾌락의 풍요 속에서 벌어지는 이 갈등은 그들이 구성하는 사회를 새롭게 하며, 그 사회를 일상의 경험 속에서 마주치는 가장 감동적이고 가장 개별적인 대면 속에서 더욱 성장시키기 때문이다. 자크 에스프리는 이렇게 썼다. "시인들은 최초로 바다를 건너려고 시도하고, 죽음과 그들 사이에 허술한 판자[2] 몇 개만 놓고서, 심연에 길과 통로를 만들어낸 사람들의 담력을 지칠 줄 모르게 과장한다. 하지만 나는 최초로 사회생활을 구상했던 사람들이 훨씬 더 대담하다고 생각한다. 그리고 이런 시도에 놀라지 않는 자는 누구나 그것을 고려한 적이 없거나, 인간의 본성을 알지 못한다고 확신한다. 인간의 본성은 결속에 적절한 자질은커녕 서로 학대하고, 서로 괴롭히고, 서로 파괴하는 데 필요한 온갖 자질을 두루 갖추고 있기 때문이다. 혹시 인간의 본성이 교만하고 사납고 비인간적이

---

2) 원문의 aix는 ais의 오기로 보인다.

라는 일반적 사실을 믿기 어려운 사람이 있다면, 세상 어느 곳이든 눈여겨보는 것으로 충분하다. 도처에서 부유하고 힘 있는 사람들이 가난하고 의지할 데 없는 사람들을 억압하는 것을 보게 될 것이다. 어디서나 남자가 여자보다 성별의 이점을 내세운다는 사실을 알게 될 것이다. 세상의 모든 도시는 폭력, 아버지에 대한 복종, 노예제도, 지배자의 미사여구 위에 세워졌다. 살인자와 악당은 차형車刑에 처해진다. 그럼에도 그들이 공공도로에서, 필요도 없이, 그저 잔인한 기질을 만족시키려고 무고한 이들의 목을 베는 일들이 날마다 일어난다. 자연이 인간에게 비인간성의 본능을 부여했다는 몽테뉴의 말이 나는 두렵다."

*

앙리 베르그송은 『사유와 운동』의 서론 말미에 "어떤 사유도, 어떤 철학도 그 자체로 필요하지는 않다"라고 썼다. 그러고 나서 다음과 같은 숭고한 문장을 덧붙인다. "전혀 책을 써야 할 의무는 없다." 우연에 직면하여 숨이 막힐 듯한—태어나는—황홀경이 있는데, 우연은 각 어머니의 음문에서 나오는 무시무시한 순간에 생명이 느끼는 첫인상이다. 끊임없이, 공포의 경계에서, 마치 태어남처럼, 사고와 언어는 무엇보다 먼저 형언할 수 없는 현실 앞에서 무력해진다. 그 현실은, 끓어오르며 빛을 발하는 별의 폭력 속에서, 너무나도 날것이고, 너무나도 미개하며, 너무나도 눈부시다. 그 현실을 틀에 가두고 조직하는 우연한 언어의 구조는 때때로 균열을 일으키고, 겉보기의 질서와 그 극도로 정교하고 고요한 위계의 틈새로, 감각조차도 외면하는, 형상 없는 무한한 혼돈의 딸, **밤의 여신**이 스며든다. 사고는 그제야 파국적으로, 혹은 종말론적으로 변한다. 아니, 오히려 그것은 하나의 수사修辭가 된다. 그것은 흐르는 담론을 끊고, 의례적인 행렬과 공허한 직위를 멈추게 하며, 지칠 줄 모르는 순환을 차단하고, 사람을 최면에 빠뜨리는 신념을 파괴하는 수사다. 그것은, 새들과 포유류의 꿈이 신비롭게 길러온 것으로, 태곳적 조상의 몽상에서 벗어나기를 거부하는 예견을 와해시킨다.

진실은 오늘 밤처럼 최초가 아니다. 그것은 환멸이다. 타락이다, 절망이다, 날조를 폭로한다. 단순히 냄새가 나는 무엇의 냄새를 마침내 맡게 되는 기쁨이다. 각성désillusion의 기쁨이다. 이러한 깨달음désidération이 황홀경이다. 진실은 언제나 그 토대의 신비화를 전제하고 그 속임수를 점진적으로 적나라하게 드러내는 탈신비화이다. 노출의 기쁨이다. 모든 사회는 지속성을 보장받기 위해, 그 작동 방식에 대한 자기 신비화 속에서 살아남는다. 이는 사회가 지닌 극도로 성적인 본성(기쁨의 중심에 존재하는 분열)과 자기 파괴적 성향(사회를 세우면서 동시에 그것을 방어한다고 주장하지만, 실상은 세계의 종말을 유발하는 그 전쟁에서 사회의 시선을 애써 돌리려는 시도)을 감추고자 하는 희망 속에서 유지된다. 자기기만에서 벗어나기 위해 오용되지 않는 진실이란 과연 어떤 것일까? 모든 새로운 진실은, 그것이 드러내려는 오류나 착각, 눈속임, 매혹, 상상의 환영보다 더 크고 더 근본적인 진실을 거부할 때 비로소 나타날 수 있다. 진실은, 자신이 벗기려 애쓰는 그 일 말의 타자성이 암시하는 전체를 언제나 필연적으로 비껴간다. Homo(인간) 종은 죽음의 인식으로부터 자신을 보호하기 위해, 여러 종족과 다양한 집단, 그리고 다양한 국가의 구성원인 인간의 몸에 엄청난 고통을 가하는 방법을 발명해왔다. 네안데르탈인이나 사피엔스가 '현실'이라 불렀던 것 이면에는 '야성'이 자리한다. 그 '야성'은 그들이 언어를 말하는 과정에서 상실하거나, 무리를 지어 육지와 섬, 그리고 대륙에서 달아나며, 마침내 우주로까지 날아오르며 억압한 것이다. 이것이 바로 현실이 살아 있는 인간 자체보다 훨씬 더 예측 불가능한 이유이다. 우리는 기원에 대해 정확한 이미지를 갖고 있지 못하며, 단지 기원의 내파에서 일어난 기이한 섬광 이후 38만 년이 지나 방출된 '화석 방사선[3]' 한 줄기를 간직하고 있을 뿐이다. 잊을 수 없는 것은 진실보다 더 위대하며, 기원적인 것은 잊을 수 없는 것보다 훨씬 더 광대하다.

---

3) 빅뱅 이후 우주가 매우 뜨겁고 밀집한 상태에서 급격히 팽창하고 식으면서 발생한 전자기파.

옮긴이의 말

마지막 왕국 시리즈 제12번
「바다 교향곡」

 키냐르는 '책은 고체 상태의 침묵'이라고 말했다.[1]

 나는 이 말을 빌려, 이 책을 '고체 상태의 바다'라고 부르고 싶다. 왜냐하면 이 책은 바다에 대해 말하면서 동시에 스스로 바다가 되어 출렁이기 때문이다.

 음악을 영혼으로, 문학을 육신으로 지닌 작가는 액체의 유동성과 연속성을 글 속에 담기 위해 고심한다. 음표 대신 문자를 사용해 기보하듯 글을 쓰고, 그렇게 태어난 문장은 하나의 악보가 된다. 나는 『행복한 시간들』이라는 제목 아래 '마지막 왕국 시리즈 제12번 「바다 교향곡」'이라는 부제를 달고 싶다. 마치 내 생각을 읽은 듯, 그가 이렇게 말한다.

---

[1] 『옛날에 대하여』, 문학과지성사, 48쪽.

"바다는, 만일 **신**의 음악이라는 게 있다면, **신**의 음악이다."(183쪽)

마침내 다다른 바다……!

큰 나무가 작은 씨앗 속에 이미 들어 있듯, 바다 역시 발원지를 가질 수 있다면, 키냐르가 말하는 바다의 발원지는 『은밀한 생』이다. 1997년 1월, 그는 급성 폐출혈로 죽음의 문턱까지 갔다가 가까스로 돌아왔다. 이 경험은 그에게 새로운 삶과 새로운 글쓰기를 기획하게 만든다. 그리고 그 첫 결실이 바로 『은밀한 생』(1998)이다.

이 책은 그의 작품 세계에 큰 전환점을 마련한 '새로운 글쓰기'의 출발점이었다. 사상, 소설, 삶, 지식 등 모든 것을 아우르며 장르의 경계마저 허무는 글쓰기였다. 4년 뒤 기획된 「마지막 왕국 시리즈」에 제8번으로 편입되었고, 2002년 1·2·3권이 동시에 출간되며 시리즈는 본격적으로 막을 올렸다. 이후 그의 글은 모두 '하나의 육체' '하나의 부피를 지닌 바다'와 같은 새로운 글쓰기를 지향하며 나아갔다.

그렇게 24년 동안 바다를 향해 달려갔고,

마침내 바다에 다다랐다.

그리고 그곳에서 바다가 되었다.

2022년 출간된 『사랑 바다』는 처음으로 형체를 드러낸 '고체 상태의 바다'로, 여성적 글쓰기(소설)에 속한다. 그의 이전 작품들에서 불러온 인물들이 이 책 속에서 크고 작은 파도를 이루며 넘실거린다.

이어 2023년 『행복한 시간들』이 출간된다. 이는 전작과 짝을 이루는 남성적 글쓰기(철학 에세이)의 바다이다. 여기에서는 키냐르 자신과 주변 인물들(M과 에마뉘엘, 외삼촌과 외할머니)과 그가 유난히 좋아하는 르네상스 시대의 인물들(라로슈푸코, 생테브르몽, 에스프리, 마담 드 사블레 등)이 저마다 파도가 되어 솟구친다. 부드럽게 일었다가, 거칠게 넘실거리고, 흰 거품을 내뿜으며 스러졌다가 다시 솟는다.

이 두 권의 바다를 요동치게 하는 힘은 달의 인력引力이 아니다. 『사랑 바다』에서는 제목이 암시하듯 인물들 사이를 흐르는 사랑의 힘이, 『행복한 시간들』에서는 외톨이들의 반항, 분노, 격정의 에너지가 그 역할을 대신한다.

바다 ― 되찾은 옛날Jadis

육지와 달리 바다는 분절되지 않는 하나의 총체로서, '붙잡을 수 없고, 저항할 수 없는, 융합적인, 객체화할 수 없는 무정형'(144쪽)의 물이다. 모든 것을 품고, 모든 생명의 기원에 자리한다. 양수 속에서 태어난 우리에게 바다는 태아 시절의 은유이자, **옛날**Jadis과 다르지 않다.

여기서 키냐르의 핵심 개념인 Jadis의 의미를 살펴볼 필요가 있다. 궁여지책으로 우리말 '옛날'로 옮겼지만, 흔히 아는 '옛날 옛적에'의 '옛날'과는 의미가 다르다. 빅뱅 이론에 따르면 우주는 극도로 작고 뜨거운 상태에서 급격히 팽창하며 지금의 형태를 갖추었다. 그는 이 원초적 분출의 순간을 기원의 자리로 설정하고, 그 순간의 '분절되지 않은 무정형의 총체'로서 모든 것이 혼재된 우주를 'Jadis'라 명명한다.

개체발생은 계통발생을 반복한다. 인류 차원에서 'Jadis'에 해당하는 시기는 수태에서 출생까지, 혹은 옛날과의 연속성이 지속되는 생후 약 18개월까지다. 즉 태아가 어머니로부터 완전히 분리되기 전의 '모태 속 삶'이다. 이 시기는 '최초의 왕국'이라 불린다.

출생 이후 우리는 '마지막 왕국'의 주민이 되어 '최초의 왕국'의 그림자 아래 살아간다. 잃어버린 낙원은 이따금 섬광처럼 떠오르기도 하지만, 우리는 그런 행운의 순간만을 기다릴 수 없다. 옛날과 접속할 방법을 끊임없이 모색한다. 키냐르의 '새로운 글쓰기'는 옛날을 단순히 순간적으로 불러오는 데 그치지 않고, 마지막 왕국에 머물게 하려는 시도이다. 이 시도는 1998년 『은밀한 생』에서 시작되어, 2022년 『사랑 바다』와 2023년 『행복한 시간들』에서 마침내 내용과 형식 모두에서 '바다'가 된다.

바다는 옛날의 감각적 현현이자, 비非가시적 흔적의 상징이다. 이제 옛날은 그리움의 대상이 아니라, 우리가 이곳에서 누리는 '행복한 시간들'로 변모한다.

바다에서 솟구치는 베누스—renaissante(다시 태어나는 여인)

변모의 원소인 바다에서, 물이 줄줄 흘러내리는 알몸으로 솟아오르는 베누스(아프로디테)의 이미지는 그의 작품에서 강박적으로 반복된다. 『행복한 시간들』에서도 세 차례(193, 197, 202쪽) 등장한다.

> 르네상스 시대의 이탈리아 문인들은 〔……〕 사랑과 바다의 여신이 파도에서 다시 솟아오르는 모습을 보았노라고 매우 특이한 방식으로 단언했다. 그들에게는 베누스가 지상으로 **귀환하는** 것처럼 보였다. **다시 태어나는 여인**Renaissante. 회귀하는 존재인 **유령**Revenante. 게다가 그녀는 알몸으로 귀환했다.

믿을 수 없을 만큼 이름다웠다.(202쪽)

베누스는 '바다 한가운데 떨어진 조부의 생식기—아들 크로노스가 낫으로 베어버린—에서 곧바로 태어난'(193쪽) 여신이다. 이 장면은 생명의 탄생을 상징할 수 있지만, 키냐르는 '다시'와 '회귀'에 방점을 찍는다. 베누스는 단순히 '태어나는 여인'이 아니라 '다시 태어나는 여인Renaissante'이며, '회귀하는 유령Revenante'이다.

renaissance는 곧 '재출생'을 의미한다. 최초의 왕국과 마지막 왕국을 가르는 '출생naissance' 이후, 다시 한번 태어나는 것이다. 누구나 태어나지만, 누구나 재-출생을 경험하지는 못한다. 수동적 출생과 달리, 자발적 재-출생은 각성을 통해 존재가 변환되는 아름다운 사건이다. 이것이 그가 '다시 태어나는 모든 것'—역사의 르네상스 시대, 사계절의 봄, 하루의 새벽—에 무한한 애정을 보내는 이유이다.

'다시 태어나는 자'는 곧 '눈뜨는 자'이다. 키냐르의 표현에 따르면 '눈에서 비늘이 떨어져 비로소 세계를 제대로 바라보고, 그 아름다움을 발견하게 되는 자'이다. 그의 세계에서 '보다voir'라는 동사가 지니는 중요성이 바로 여기에 있다.

나는 눈가리개를 풀고, 스카프를 벗고, 자유로움과 빛을 만

끽하는 이 느낌을 좋아한다.(304쪽)

'눈에서 비늘이 떨어진다'라는 흔한 비유는 우리가 오래전에 물고기였음을 암시한다. 사실 우리는 오래전에 물고기였다(259쪽). 손발톱 스무 개가 그 비늘의 흔적이다. 마침내 우리는 조상인 바다mer에서 오래전에 잃었던 어머니mère를 되찾는다. 물과 어둠, 느리고 포근한 소리, 맨 처음의 빛들로 이루어진 어머니의 세계를, 여전히 일종의 항구요, 만灣이요, 안식처인 옛날의 세계를.(217쪽)

이곳이 아닌 다른 곳에 있기—무아지경

이 책은 '다시 태어난 자'들의 이야기로 이루어진 바다이다.
그들의 공통점은 '이곳에 있으면서, 자주 다른 곳에 있다'는 것이다.
여기서 '다른 곳'이란 신神처럼 편재遍在한다는 말이 아니다. 무아지경에 빠진 상태를 의미한다. 몸은 이곳에 있지만, 정신이 무언가에 깊이 몰입하면 이미 '이곳에서 다른 곳'에 있는 것이다. 아주 먼 곳으로 떠나버려, 침묵 속에서 시선이 멍해질 때, 그 '다른 곳'이 바로 옛날이다. 다만 그것은 최초의 왕국에 속한 옛날이 아니라, 마지막 왕국에서 '다시 태어난 자'만이 누릴 수 있는 옛날, 바다의 형태로 이곳에 현존하는 옛날이다.

키냐르는 자신의 무아지경을 이렇게 묘사한다.

> 나는 또다시 '이곳이 아닌 다른 곳'에 있었다. 이런 느낌은 내게 남은 유년기의 자폐적 특성이다. 갑자기 내가 자연 속으로 녹아든다. 여전히 앞으로 가고 있건만 걷는 동안에 영혼이 사라졌다. 어떤 위험도 아랑곳하지 않는 몽유병자처럼 걷는다. 저녁에 술에 취해 길을 잃듯이 나는 써나가는 글 속에서 길을 잃는다.(65쪽)

무아지경은 단순한 몰입이 아니라 존재의 다른 국면으로 진입하는 사건이다. '영혼이 사라지는 황홀한 실종'(153쪽)을 통해 그는 자연 속으로, 옛날로 스며든다. 그의 세계에서 '옛날' '자연' '바다' '무아지경' '황홀경'은 서로 겹쳐져 하나로 수렴하여 '행복한 시간들'이 된다.

행복한 시간들……

일상 속에서 문득 솟아오르는 감각의 물결, 존재의 깊은 층위에서 감지되는 옛날의 순간들은 야릇한 파도처럼 끊임없이 밀려온다.

키냐르의 작품에서 이런 행복을 느끼는 인물들은 대개 외톨이다. 그들은 사회적, 역사적, 심지어 가족적 연대기의 그물망(시간의 차원)에서 벗어나, 사생활의 어둠 속에 은닉된 호젓한 곳(공간의 차원)에 머문다. 세속을 떠나야 비로소 행복한 시간이 찾아오기 때문이다. 이 책이 세속성의 극치라 할 「콩피에뉴에서의 저녁 파티」로 시작되는 것도 이러한 대비를 위한 장치이다. 행복은 '세속성의 탈피 → 자연관조 → 자연과의 합일'의 과정을 거쳐 찾아온다.

루소는 비엔의 호수에서 배를 타고 정처 없이 떠다녔다. 그것이 그날의 목표였다. 그는 젖은 노 옆에 누워 있었다. 거기서 행복에 겨워 눈물을 흘렸다.(76쪽)

1525년 초, 프랑수아 1세는, 파비아를 공격했을 당시, 이탈리아의 풍경에 몰입되어 망아지경忘我之境에 빠졌다.

그는 풍경 안으로 사라졌을 뿐 아니라 변모되었다. 자신이

무엇을 하는지 더 이상 알지 못했다. 읽고, 관조하고, 꿈꾸었다.(76쪽)

1735년 어느 날 일본의 주도主島인 혼슈本州에서 바이사오 스님은 자신이 끓게 놓아둔 차 표면에 떠도는 김으로 변했다.(152쪽)

이 외톨이의 삶에서 피어난 행복한 시간들은 잔잔한 물결로 출렁인다.

하지만 「바다 교향곡」의 후반부에 이르면 키냐르가 선호하는 1640년대의 인물들이 등장하며 바다는 거세진다. 프롱드 당원, 개혁주의자, 프레시외즈, 자유사상가, 장세니스트 같은 외톨이들이 루이 14세라는 단일한 권력에 맞서 하나의 반대 진영을 형성한다.

이들이 만드는 물결은 파고波高가 높고 거칠다. 글을 쓰는 키냐르의 호흡도 거칠어지고, 쏟아지는 긴 문장들이 높은 파도를 이루며 솟구친다. 마지막 49~50장에 이르면 산더미 같은 파도가 분출하고 치솟으며, 콘크리트 방파제에 부딪혀 흰 거품을 내뿜는다. 정신이 몽롱해지고, 바다의 아우성에 귀가 먹먹해진다.

챠아앙~ 하는 심벌즈 소리가 울리며 「바다 교향곡」이 끝난다.

   이어지는 고요……

  키냐르의 나지막한 말소리가 들린다. "생의 마지막 날들에, 나는 이 〔행복한〕 시간들을 한 시간 한 시간 기록하며, 그것들이 저마다의 행복으로 모습을 드러내길 바랄 것이다."(217쪽)

작가 연보

1948   4월 23일 프랑스 노르망디의 베르뇌유쉬르아브르(외르)에서 출생했다. 음악가 집안의 아버지와 언어학자 집안의 어머니 사이에서 태어나 자연스럽게 여러 언어(프랑스어, 독일어, 영어, 라틴어, 그리스어)를 습득하고, 여러 악기(피아노, 오르간, 비올라, 바이올린, 첼로)를 익히면서 자라났다.

1949   18개월 무렵 여러 언어를 사용하는 집안 분위기에서 기인한 혼란 때문에 자폐증 증세를 보이며 언어 습득과 먹기를 거부한다.

1950~58 이 기간을 르아브르에서 보낸다. 형제자매들과 어울리지 못하고 늘 외따로 지내기를 즐긴다.

1965   다시 한번 자폐증을 앓는다. 이를 계기로 작가로

	서의 소명을 깨닫는다.
1966	세브르 고등학교를 거쳐 낭테르 대학교에 진학한다. 에마뉘엘 레비나스의 지도 아래 '앙리 베르그송의 사상에 나타난 언어의 위상'이라는 제목의 논문을 계획하지만, 68혁명을 거치면서 대학교수가 되려는 꿈을 접고 논문을 포기한다.
1968	가업인 파이프오르간 주자가 되기로 마음먹는다. 아침에는 오르간을 연주하고 오후에는 모리스 세브의 『델리*Délie*』에 관한 에세이를 쓴다. 원고를 갈리마르 출판사에 보내자 키냐르가 존경하는 작가 루이르네 데포레가 답장을 보내온다. 그의 소개로 잡지 『레페메르*L'Ephémère*』에 참여한다.
1969	마리프랑수아즈 오베리데Marie-Françoise Oberrieder와 결혼한다. 뱅센 대학교와 사회과학고등연구원 EHESS에서 잠시 고대 프랑스어를 가르치며 첫 작품 『말더듬는 존재*L'être du balbutiement*』를 출간한다.
1976	갈리마르 출판사에서 편집자, 원고 심사위원 일을 맡는다. 1989년에는 출간 도서 선정 심의위원으로 임명되고, 1990년에는 출판 실무 책임자로 승진하여 1994년까지 업무를 계속한다.

1980	『카루스Carus』로 '비평가상'을 받는다.
1985	『소론집Petits traités』으로 '문인협회 특별상'을 받는다.
1986	파리 스콜라 칸토룸(예술 전공자를 위한 사립 고등교육 기관)에서 첼로를 학습한다.
1987	『뷔르템베르크의 살롱Le salon du Wurtemberg』으로 벨기에에서 '주목할 만한 작품상'을 받는다.
1987~92	'베르사유 바로크 음악 센터'의 임원으로 활동한다.
1990	『소론집Les petits traités』의 완성본(전 8권)이 출간된다.
1991	작품 전반에 대한 공로로 '프랑스 언어상'을 받는다. 소설 『세상의 모든 아침Tous les matins du monde』을 출간하고, 직접 시나리오로 각색하여 알랭 코르노 감독과 함께 영화로 만든다. 소설과 영화 모두 대성공을 거둔다. 이혼한다. 이후 출판계 편집자이며 시청각 영화 제작 프로듀서로 활동하는 마르틴 사아다Martine Saada와 동거한다.
1992	조르디 사발과 더불어 '콩세르 데 나시옹Concert des Nations'을 주재한다. 미테랑 전 대통령과 함께 '베르사유 바로크 페스티벌'을 창설하지만 1년밖

	에 지속하지 못한다.
1994	집필에만 열중하기 위해 모든 공직에서 사임하고 세상의 여백으로 물러나 은둔자가 된다.
1997	1월 갑작스러운 폐출혈로 응급실에 실려갔다가 죽음의 문턱에서 가까스로 귀환한다. 이 경험을 전환점으로 그의 글쓰기가 크게 변화한다. 건강이 회복되자 일본과 중국을 여행한다. 특히 장자의 고향인 허난성 방문의 기억과 도가 사상의 영향이 집필 중이던 『은밀한 생*Vie secrète*』에 반영된다.
1998	새로운 글쓰기의 첫 결과물인 『은밀한 생』이 출간되고, '문인협회 춘계 대상'을 받는다.
2000	『로마의 테라스*Terrasse à Rome*』가 출간되고, 이 소설로 '아카데미 프랑세즈 소설 대상'과 '모나코 피에르 국왕상'을 동시에 받는다. 이후 1년 6개월 간 심한 신경쇠약 증세에 시달리면서, 연작으로 기획된 '마지막 왕국*Dernier royaume*' 시리즈의 집필에 들어간다.
2001	부친이 별세한다. 아버지에게서 물려받은 성姓(사회에 편입된 존재의 표지)으로 인한 부담과 아버지의 기대 어린 시선에서 풀려나 비로소 자유로

	위졌다고 느낀다.
2002	'마지막 왕국 시리즈'의 제1·2·3권에 해당하는 『떠도는 그림자들Les ombres errantes』『옛날에 대하여Sur le jadis』『심연들Abîmes』을 동시에 출간하고 '공쿠르상'을 받는다.
2004	7월 10~17일까지 프랑스 노르망디에 위치한 스리지라살의 국제 문화 센터에서 키냐르에 관한 첫번째 국제학술회의가 개최된다.
2006	『빌라 아말리아Villa Amalia』로 '장 지오노 상'을 받는다.
2008	『빌라 아말리아』가 브누아 자코의 연출로 영화로 만들어져 개봉되지만 흥행에 실패한다.
2013	4월 29~30일 이틀간 키냐르의 고향인 르아브르Le Havre에서 '파스칼 키냐르의 장소들'을 주제로 학술대회가 열린다.
2014	7월 9~16일, 스리지라살에서 10년 만에 키냐르에 관한 두번째 국제학술회의가 열린다.
2016~18	3년간 순회공연을 한다. '어둠 속의 강변La rive dans le noir'이라는 제목으로 한 시간 남짓 아름다운 여성과 늙은 까마귀, 올빼미와 함께 작가 자신이 무대에 오른다.

2017	『눈물들 Les larmes』로 '앙드레 지드 상'을 받는다.
2018	『우리가 사랑했던 정원에서 Dans ce jardin qu'on aimait』로 도빌시 '책과 음악상'을 받는다.
2023	모든 작품을 대상으로 국제 문학상 '포르멘토르상'과 프랑스 문학상 '국립도서관상'을 받는다. '남성적 글쓰기'에 해당하는 『행복한 시간들 Les heures heureuses』(마지막 왕국 제12권)을 출간한다.
2025	'여성적 글쓰기'에 해당하는 『숨겨진 보물 Trésor caché』을 출간한다.

작가는 '남성적 글쓰기'(마지막 왕국 시리즈에 속하는 철학적 에세이)에 지치면 '여성적 글쓰기'로 영혼의 휴식을 취한다고 말한다. 지속적으로 두 계열의 작품들을 번갈아 집필 중이다.

작품 목록

Petits traités, tomes I à VIII(Adrien Maeght, 1990).

Dernier royaume, tomes I à XII :
Les ombres errantes, Dernier royaume I(Grasset, 2002).
　　　『떠도는 그림자들』, 송의경 옮김(문학과지성사, 2003).
Sur le jadis, Dernier royaume II(Grasset, 2002).
　　　『옛날에 대하여』, 송의경 옮김(문학과지성사, 2010).
Abîmes, Dernier royaume III(Grasset, 2002).
　　　『심연들』, 류재화 옮김(문학과지성사, 2010).
Les paradisiaques, Dernier royaume IV(Grasset, 2005).
Sordidissimes, Dernier royaume V(Grasset, 2005).
La barque silencieuse, Dernier royaume VI(Seuil, 2009).

Les désarçonnés, Dernier royaume VII(Grasset, 2012).

Vie secrète, Dernier royaume VIII(Gallimard, 1998).

   『은밀한 생』, 송의경 옮김(문학과지성사, 2001).

Mourir de penser, Dernier royaume IX(Grasset, 2014).

L'enfant d'Ingolstadt, Dernier royaume X(Grasset, 2018).

L'Homme aux trois lettres, Dernier Royaume XI(Grasset, 2020).

   『세 글자로 불리는 사람』, 송의경 옮김(문학과지성사, 2023).

Les heures heureuses, Dernier Royaume XII(Albin Michel, 2023).

   『행복한 시간들』, 송의경 옮김(문학과지성사, 2025).

L'être du balbutiement(Mercure de France, 1969).

Alexandra de Lycophron(Mercure de France, 1971).

La parole de la Délie(Mercure de France, 1974).

Michel Deguy(Seghers, 1975).

Écho, suivi d'Épistole d'Alexandroy(Le Collet de Buffle, 1975).

Sang(Orange Export Ldt., 1976).

Le lecteur(Gallimard, 1976).

Hiems(Orange Export Ldt., 1977).

Sarx(Maeght, 1977).

Les mots de la terre, de la peur, et du sol(Clivages, 1978).

Inter Aerias Fagos(Orange Export Ldt., 1979).

Sur le défaut de terre(Clivages, 1979).

Carus(Gallimard, 1979).

Le secret du domaine(Éd. de l'Amitié, 1980).

Les tablettes de buis d'Apronenia Avitia(Gallimard, 1984).

Le vœu de silence(Fata Morgana, 1985).

Une gêne technique à l'égard des fragments(Fata Morgana, 1986).

Ethelrude et Wolframm(Claude Blaizot, 1986).

Le salon du Wurtemberg(Gallimard, 1986).

La leçon de musique(Hachette, 1987).

Les escaliers de Chambord(Gallimard, 1989).

Albucius(P. O. L, 1990).

Kong Souen-long, sur le doigt qui montre cela(Michel Chandeigne, 1990).

La raison(Le Promeneur, 1990).

Georges de la tour(Éd. Flohic, 1991).

Tous les matins du monde(Gallimard, 1991).

『세상의 모든 아침』, 류재화 옮김(문학과지성사, 2013).

La frontière(Éd. Chandeigne, 1992).

Le nom sur le bout de la langue(P. O. L, 1993).

『혀끝에서 맴도는 이름』, 송의경 옮김(문학과지성사,

2005).

L'occupation américaine(Seuil, 1994).

Les septante(Patrice Trigano, 1994).

L'amour conjugal(Patrice Trigano, 1994).

Le sexe et l'effroi(Gallimard, 1994).
>『섹스와 공포』, 송의경 옮김(문학과지성사, 2007).

La nuit et le silence(Éd. Flohic, 1995).

Rhétorique spéculative(Calmann-Lévy, 1995).
>『파스칼 키냐르의 수사학』, 백선희 옮김(을유문화사, 2023).

La haine de la musique(Calmann-Lévy, 1996).
>『음악 혐오』, 김유진 옮김(프란츠, 2017).

Terrasse à Rome(Gallimard, 2000).
>『로마의 테라스』, 송의경 옮김(문학과지성사, 2002).

Pascal Quignard, le solitaire, avec Chantal Lapeyre Desmaison(Flohic, 2001).

Tondo, avec Pierre Skira(Flammarion, 2002).

Inter Aerias Fagos, avec Valerio Adami(Galilée, 2005).

Écrits de l'éphémère(Galilée, 2005).

Pour trouver les enfers(Galilée, 2005).

Villa Amalia(Gallimard, 2006).

『빌라 아말리아』, 송의경 옮김(문학과지성사, 2012).

L'enfant au visage couleur de la mort(Galilée, 2006).

Triomphe du temps(Galilée, 2006).

Requiem, avec Leonardo Cremonini(Galilée, 2006).

Le petit Cupidon(Galilée, 2006).

Ethelrude et Wolframm(Galilée, 2006).

Quartier de la transportation, avec Jean-Paul Marcheschi(Éd. du Rouergue, 2006).

Cécile Reims grave Hans Bellmer(Cercle d'art, 2006).

La nuit sexuelle(Flammarion, 2007).

『성적인 밤』, 류재화 옮김(난다, 2024).

Boutès(Galilée, 2008).

『부테스』, 송의경 옮김(문학과지성사, 2017).

Lycophron et Zétès(Gallimard, 2010).

Medea(Éditions Ritournelles, 2011).

Les solidarité mystérieuses(Gallimard, 2011).

『신비한 결속』, 송의경 옮김(문학과지성사, 2015).

Sur le désir de se jeter à l'eau, avec Irène Fenoglio(Presses Sorbonne Nouvelle, collection Archives, 2011).

L'origine de la danse(Galilée, 2013).

Leçons de solfège et de piano(Arléa, 2013).

La suite des chats et des ânes, avec Mireille Calle-Gruber(Presses
 Sorbonne nouvelle, collection Archives, 2013).
Sur l'image qui manque à nos jours(Arléa, 2014).
Critique du jugement(Galilée, 2015).
Princesse vieille reine, Cinq contes(Galilée, 2015).
Le Chant du Marais(Chandeigne, 2016).
Les larmes(Grasset, 2016).
 『눈물들』, 송의경 옮김(문학과지성사, 2019).
Dans ce jardin qu'on aimait(Grasset, 2017).
 『우리가 사랑했던 정원에서』, 송의경 옮김(프란츠, 2019).
Une journée de bonheur(Arléa-Poche, 2017).
 『하룻낮의 행복』, 송의경 옮김(문학과지성사, 2021).
Performances de ténèbres(Galilée, 2017).
 Bubbelee(Galilée, 2018).
*Angoisse et beauté, par Pascal Quignard et Vestiges de l'amour,
 images de François de Coninck*(Seuil, 2018).
La vie n'est pas une biographie(Galilée, 2019).
L'œuvre censurée de Marie morel(Éd. Regard, 2019).
La réponse à Lord Chandos(Galilée, 2020).
Sur le geste de l'abandon, avec Mireille Calle-Gruber (Éd.
 Hermann, 2020).

L'amour, la mer(Gallimard, 2022).
　　『사랑 바다』, 백선희 옮김(을유문화사, 2024).
Trésor caché(Albin Michel, 2025).